PERVIVENCIA ORGANIZATIVA

Manuel Carneiro Caneda

PERVIVENCIA ORGANIZATIVA
Cómo hacer sostenible el futuro organizativo de la empresa

Prólogo de Ángela de Miguel

Epílogo de Ignacio Rivera

Bonomía

La colección Bonomía tiene un Consejo Científico que lo constituyen personalidades del mundo de la Universidad, la Empresa y la Cultura:

Óscar Emanuele Pérez Angulo
Presidente de Compecer

Gonzalo Sichar Moreno
Director de Última Línea
Director de Asuntos Públicos y Transparencia de Innováetica

Manuel Carneiro Caneda
Director de Bonomía
Secretario General de Innováetica

Fernando Navarro García
Presidente de Innováetica

Marco Delgado Melo
Exconsejero Nacional de Coparmex
Vicepresidente de Compecer

Dagoberto Lara Marín
Rector de Compecer University

Victor Hugo Malagón Basto
Vicerrector de la Universidad Sergio Arboleda (Colombia)

Eleuterio Rodríguez Castro
Director General y Consejero ejecutivo de Compecer
Ex Sub Director Corporativo de Principal Financial Group y Citibanamex

Ana María Salazar de la Guerra
Directora de Comunicación y Relaciones Institucionales de Innovaética.
Former Senior Adviser UNWOMEN - NY (ONU Mujeres)

Jorge Iván Villalobos Seáñez
Ex diputado al Congreso de la Unión de México
Vicepresidente de Compecer

Gabriel Alonso-Carro y García-Crespo
Vocal de Ética de Innováetica
Ex Jefe de Estudios de la Escuela Diplomática

Zayra Ivette Azaeta Villalobos
Vicepresidente suplente y Consejera de Compecer

Luis Suárez Mariño
Director de la revista *Defensa y Compliance*

Gustavo Mauricio Nuñez Avendaño
Presidente del Comité de Micros y Pequeñas Empresas de Coparmex
Consejero ejecutivo de Compecer

Elena Cifuentes
Jefa de División de RSC y Accesibilidad de la EMT (Madrid)

David Lafuente
Subdirector del INJUVE

Primera edición, mayo de 2026

© Manuel Carneiro Caneda, 2026

© Última Línea, S.L., 2026
   Juan Cortés Cortés, 3
   29010 Málaga (España)
   www.ultimalinea.es
   editorial@ultimalinea.es

© Compecer, S.C.
   Calle Ortiz De Campos, 1703
   31203, Chihuahua (México)
   www.compecer.com
   hola@compecer.com

 www.facebook.com/EditorialUltimaLinea

 @EdUltimaLinea

ISBN: 978-84-16159-42-0
Depósito legal: MA 379-2026
THEMA: KJ, KJV, KJVS

Impreso en España — Unión Europea

ÍNDICE

PRESENTACIÓN DE BONOMÍA

Me es muy grato, como presidente del consejo de COMPECER, presentar la colección BONOMÍA, una iniciativa que refleja nuestro profundo compromiso con el conocimiento, la innovación y la sostenibilidad. BONOMÍA no es solo una serie de libros; es la cristalización de un trabajo continuo y apasionado en torno a las temáticas que, hoy más que nunca, definen el futuro de nuestras sociedades.

Compuesta por dos series, MAIOR y MINOR, esta colección está diseñada para ofrecer a instituciones académicas, empresas, organizaciones y entidades una mirada profunda y práctica sobre los temas que, sin duda, que marcan y marcarán el desarrollo de las normativas y certificaciones del mañana. En COMPECER, creemos firmemente que el conocimiento es el pilar sobre el cual se construyen las grandes transformaciones. Por ello, BONOMÍA no solo proporciona una oferta extensa sobre los desafíos y soluciones en materia de sostenibilidad, sino que también está alineada con nuestro propósito de promover un impacto positivo y duradero en el mundo.

Esta colección no sería posible sin la colaboración de la editorial Última Línea, con quienes compartimos la misión de llevar a las manos de los lectores herramientas y contenidos de la más alta calidad. BONOMÍA representa una conexión directa con el ADN de COMPECER: la generación de conocimiento que, más adelante, se traducirá en normas y certificaciones, el corazón de nuestra labor profesional.

Con BONOMÍA, aspiramos a seguir liderando el camino hacia un futuro más sostenible, ofreciendo no solo conocimiento, sino también inspiración para quienes buscan soluciones reales a los grandes desafíos de nuestro tiempo.

Agradecemos a INNOVAÉTICA y todos quienes forman parte de este proyecto y confiamos en que esta colección será una guía fundamental para aquellos que buscan un impacto sostenible y transformador.

Óscar Pérez Angulo
Presidente del Consejo, COMPECER

AGRADECIMIENTOS

Este libro está dedicado, como sentido agradecimiento, a mis compañeros de la iniciativa '*Pervivencia, Continuidad Empresarial*' que han hecho posible gracias a su apoyo que muchas empresas pervivan en su afán por continuar con su imprescindible labor: Juanjo Manso Carballo, Mayte Gutiérrez Roselló, Gonzalo González Pérez, Gonzalo Sichar Moreno, Simón Reiríz Figueiras, Marco Delgado Melo y Oswaldo Balderrama Campos.

Y a la orientación marcada desde EMPRENDIA Team por parte de nuestro líder y estratega José Ramón García González.

También a Francisco Pastoriza por haberse tomado la molestia de corregir el presente texto y a Enrique A. González Iglesias por su amistad y profesionalidad. A todos ellos, muchas gracias; una parte importante de este libro también es suya.

PRÓLOGO

Ángela de Miguel

Presidenta de CEPYME

(Confederación Española de la Pequeña y Mediana Empresa)

En un mundo empresarial marcado por la incertidumbre y los constantes cambios, la capacidad de las organizaciones para adaptarse y garantizar su continuidad se ha convertido en un desafío crucial. Las empresas, especialmente las familiares, enfrentan retos únicos que requieren una planificación estratégica y una visión a largo plazo para asegurar su pervivencia. Este libro, *Pervivencia Organizativa: Cómo hacer sostenible el futuro organizativo de la empresa*, pone el foco en estas cuestiones esenciales y ofrece una reflexión profunda sobre cómo abordar de manera responsable el futuro de las organizaciones.

Como presidenta de CEPYME, he tenido el privilegio de trabajar de cerca con pequeñas y medianas empresas, auténtico corazón de nuestra economía. Estas empresas, muchas de ellas familiares, constituyen un pilar fundamental del desarrollo económico y social de nuestro país. Sin embargo, también son las más vulnerables ante los desafíos de la sucesión y la continuidad. La falta de una planificación estructurada y consciente en estos procesos puede poner en riesgo no solo el futuro de las propias empresas, sino también el bienestar de las familias y comunidades que dependen de ellas.

A lo largo de sus páginas, se abordan los principales factores que condicionan la pervivencia organizativa, desde la identificación de los riesgos asociados a la sucesión hasta la necesidad de implantar estrategias de sostenibilidad que permitan a las empresas trascender generaciones. El enfoque planteado combina análisis, método y orientación práctica, ofreciendo a las organizaciones herramientas para afrontar estos retos de manera ordenada y profesional.

Este libro es una invitación a la reflexión sobre la importancia de construir un legado que trascienda el tiempo. La pervivencia organizativa no es únicamente una cuestión de supervivencia; es un compromiso firme con el futuro, con la sociedad y con las generaciones venideras.

Invito a todos los empresarios, especialmente a aquellos que lideran empresas familiares, a sumergirse en esta obra y a aprovechar las enseñanzas que ofrece. Su lectura contribuye a tomar conciencia de la importancia de planificar hoy para garantizar la continuidad y sostenibilidad de las organizaciones mañana, y a reforzar el papel de las pymes como motor de desarrollo económico.

INTRODUCCIÓN

Un fantasma recorre Europa y América, y, por extensión gran parte del mundo. En épocas de mucha incertidumbre, surgen siempre las mismas preguntas: ¿Cómo va a ser nuestro futuro? ¿Cómo nos están afectando los cambios convulsos que trae este nuevo mundo, siempre tan alterado? ¿Qué preguntas nos sobrevienen sobre el tiempo aplicado al devenir de la vida misma? ¿Cómo puedo continuar con lo que hago, incluso mejorándolo? Preguntas a las que no son ajenas las organizaciones, sobre las cuáles también resulta muy conveniente indagar y ofrecer desde ellas respuestas a los grandes retos que tenemos por delante y que estas se encuentran obligadas a solventar.

La continuidad en las organizaciones es parte de su pensamiento y preocupación, quizás, en la actualidad, de manera más intensa. Resulta especialmente importante, casi dramático, en el caso de aquellas organizaciones que denominamos empresariales. Vamos a dedicar esta obra a intentar poner un poco de orden y criterio previos a la construcción del futuro organizativo. Ello será especialmente intenso en el caso de las organizaciones empresariales lideradas por familias, las denominadas empresas familiares, que tanto arraigo muestran en nuestras sociedades. Estas son el mejor ejemplo de la necesidad que se tiene de garantizar un futuro, en concreto, el de su actividad empresarial e, incluso, su propia pervivencia como instituciones empresariales.

Acordemos juntos que, el futuro, en gran medida, se construye desde el presente; parece obvio. Acompáñenos a comprender la entendible zozobra que produce la incertidumbre sobre lo que vaya a suceder, y que puede paliarse, aunque nunca ser eliminada, gracias a una planificación inteligente basada en una mezcla de conocimiento, experiencia, tesón y, por qué no, paciencia y buen juicio.

Dada la importancia que tiene que proceso que vamos a tratar, la continuidad organizativa con la intención de que la pervivencia se mantenga gracias a una sucesión ordenada, ponemos las diez conclusiones antes de comenzar su exposición. A diferencia de otras publicaciones sobre estas cuestiones, «pondremos al carro antes que a los bueyes» al objeto de tener claro el propósito de lo que se pretenden lograr en 10 conclusiones muy resumidas, a modo de recetario:

1. El proceso de sucesión es algo «natural» y que se da como consecuencia del paso del tiempo.

2. Y, por ello, resulta muy adecuado pensar en cómo abordarlo, en algún momento.

3. Lo verdaderamente importante es la continuidad y mantenimiento de lo conseguido.

4. Por lo tanto, hacerlo de manera ordenada y organizada facilita y mucho una situación que, en algún momento, va a resultar inevitable y necesaria.

5. Siempre y cuando resulte posible, es conveniente involucrar a la mayor parte de las personas clave de la organización. En el caso de una empresa familiar, serán quienes como miembros de la familia se encuentren, de un modo u otro, implicados con la empresa.

6. Es mejor tener un Plan de Sucesión para garantizar la Continuidad. Ordenar, poner por escrito y ratificar los acuerdos alcanzados exige claridad y objetivos determinados con anterioridad. La claridad es una cualidad, en este tipo de procesos, indispensable.

7. Lo ideal es que el proceso se produzca con el mayor consenso y participación posibles.

8. Los problemas que surjan, ya se habrán dado en alguna otra ocasión en organizaciones y empresas similares. Por lo tanto, no hay que dudar en contrastar y dejarse asesorar.

9. El proceso de sucesión que garantiza la continuidad no acaba nombrando a quien suceda, sino que continúa, al menos algún tiempo más, teniendo en cuenta las consecuencias de las decisiones tomadas; y, sobre todo, afectan de manera directa al continuador.

10. Sin olvidar que el entorno, tanto el interno como el externo, están pendientes debido a que son partes interesadas (*stakeholders*) tanto en el proceso mismo como en el resultado.

1

¿QUÉ ESTÁ PASANDO CON LA CONTINUIDAD ORGANIZATIVA?

En este primer apartado, se van a establecer los conceptos fundamentales acerca de qué es la pervivencia organizativa, título de este volumen, y qué conlleva. Comenzamos un viaje sobre cómo hacer sostenibles las organizaciones para ganar el futuro, con especial atención a las empresas y, más en concreto, debido a sus características tan peculiares, a las empresas familiares.

Realicemos juntos un viaje a través de los caminos que conectan el presente y el futuro organizativo para garantizar la continuidad. Este libro pretende, con toda humildad, suponer una guía, un mapa que nos asegure partir de una necesidad específica, y esta es cómo ganar y garantizar el futuro, hasta llegar a la meta final, que será su logro.

1. Introducción a la Pervivencia Organizativa

Se comenta, de manera muy habitual, sobre todo en los lugares de aprendizaje acerca de los temas relacionados con la organización, y, en mucho mayor grado, cuando se habla de las empresas y de su trayectoria, que la primera generación funda la empresa, la segunda se enriquece y la tercera se empobrece. Otra versión todavía más contundente afirma que, con respecto a la empresa, *«el abuelo la crea, los hijos la debilitan y los nietos la entierran»*. En el fondo, más de lo mismo, pero con el acierto propio de la sabiduría popular.

Este parece ser que se haya convertido en un axioma incuestionable, una verdad de esas que se asumen como válidas sin crítica, porque alguien conoce a alguien que lo sabe y que lo corrobora; hasta hay quien dice que lo vivió.

La continuidad en las empresas y en las organizaciones es una de esas cuestiones que, como los jamones, nunca se sabe cómo van a salir. Pero los expertos en jamón, sí lo saben. Cuando la textura, el color, incluso la forma, dan la información adecuada, pues es más probable que el jamón resulte bueno, en su punto de sal y de sabor. Pero para el buen conocedor, hay un sistema infalible: introduce en la pierna curada una cala, una herramienta larga y punzante de unos 12 centímetros de largo, fabricada con hueso de vaca o de caballo, siendo su principal característica, de ahí el material con el que está hecha, que tenga que ser inodora.

La cala hay que hacerla únicamente en tres lugares concretos del pernil: en la unión del hueso fémur con el de la cadera, a la altura de la vena femoral y en la unión de la tibia y el peroné con el fémur. Calar un jamón no es fácil; hay que conocer bien el lugar donde hacer la inserción y se requieren conocimientos específicos, y, por supuesto, tener un olfato bien adiestrado en la identificación de los aromas. Y así, el calador, el maestro jamonero, si no hace bien la incisión, puede estropear la pieza, que, luego, no va a poder ser vendida porque despide un olor poco agradable.

Este libro que tiene en las manos cumple esa función. Es una cala que se aplica a una organización o empresa, sobre todo si esta es familiar, de cualquier sector o dimensión, para lograr la continuidad de la entidad y de sus integrantes con los menos sobresaltos posibles.

De manera profesional, con los conocimientos necesarios, incluso con el olfato entrenado para ello, queremos que el lector se convierta en un calador profesional, y que, por ello, sepa cómo garantizar la pervivencia de la organización gracias a la consecución de una sucesión adecuada. Adéntrese con nosotros en la manera sobre cómo garantizar la continuidad de la organización, en particular si esta es una empresa, pero favoreciendo el sosiego organizativo, estado de ánimo necesario para que la cala resulte, finalmente, fructífera y permita un resultado satisfactorio.

CONCEPTOS FUNDAMENTALES

PERVIVENCIA ORGANIZATIVA

Supone la puesta en marcha de los procesos necesarios para conseguir una sucesión pautada y organizada con el objetivo final de lograr que la empresa no solo superviva o meramente sobreviva, sino que perviva, que se mantenga en el tiempo, generándose para ello el necesario "Sosiego Organizativo".

SOSIEGO ORGANIZATIVO

Situación que se refiere al ambiente organizativo que se pretende mantener tanto durante el proceso de gestión de la pervivencia organizativa como con posterioridad. Dicho ambiente significa la confluencia entre la debida tensión propia de la ejecución del negocio o de la actividad con la intención de conseguir el resultado final que no será otro que la propia Continuidad Empresarial y Organizativa en las mejores condiciones posibles.

CONTINUIDAD EMPRESARIAL Y ORGANIZATIVA

Proceso normalizado por el cual se ponen los medios necesarios para conseguir que cualquier organización y, en concreto las empresas, pervivan en el tiempo, garantizándose con ello tanto la dirección y la gestión organizativas adecuadas como los resultados que la entidad tenga que conseguir para su propio y debido mantenimiento.

2. Qué nos dicen los datos

Como ideas enunciadas, como conceptos en cuanto a su semántica, no es lo mismo sobrevivir que pervivir. Pervivir, según el diccionario supone seguir viviendo, con ciertas holguras, a pesar del tiempo y de las dificultades. Pero sobrevivir, conceptualmente, es la manera o modo de vivir contando con escasos medios o en condiciones adversas e incluso precarias. Sobrevivir conlleva afrontar las dificultades y los obstáculos, sí, pero con el angustioso sentimiento de que, en algún momento, no voy a poder sobrellevarlos; frente a ello, pervivir implica saber arrostrar las dificultades, convirtiéndolas en parte del proceso de mantenerse, permanecer y proseguir. Se pervive como actitud continuada, se sobrevive cuando no hay más remedio y las circunstancias condicionantes mandan; pero, sobre todo, el futuro se vuelve irremediablemente, oscuro e incierto.

Los datos sobre supervivencia organizativa son muy reveladores, sobre todo en el caso de las empresas. Según Iberform[1], institución muy reconocida en la oferta de información a empresas en España, una de cada tres empresas creadas cada año, no completan dicho período sobreviviendo. Analizando el tejido empresarial español desde 1990, siendo más de 3,3 millones las empresas, de ellas, casi 500.000 ya no constan en el Registro Mercantil, y 1,5 millones de estas siguen en dicho Registro, pero sin actividad. El estudio constata, además, que, desde la pandemia provocada por el COVID19, la situación se ha ido agra-

---

1   Iberform es la generadora de información sobre empresas de la empresa pública española Crédito y Caución. https://www.iberinform.es/

vando progresivamente. Algo pasa, de cierta gravedad, con la continuidad empresarial.

En el caso de México, la situación es muy similar. Y así, según datos del INEGI del año 2019, de cada 100 establecimiento que se crean, 51 mueren en menos de 24 meses, 29 en el primero de los años y 20 entre el inicio del primero y antes de cumplir el segundo año[2].

Algo muy parecido ocurre en otros países de la órbita Latinoamericana tales como Perú (donde ocho de cada diez negocios y pymes que se crean no pasan de los dos años de funcionamiento), Colombia (en este país la tasa de supervivencia de empresas pymes es inferior al 50%) o Costa Rica (en este, la situación es todavía más trágica, dado que la tasa de mortalidad de nuevos negocios y empresas es del 78% en los primeros tres años). Todos estos países tienen tasas de mantenimiento empresarial inferiores a la media de la OCDE, donde la supervivencia supera el 50%[3].

---

2   INEGI, Instituto Nacional de Estadística y Geografía mexicano, https://www.inegi.org.mx/temas/dn/#informacion_general

3   Una obra imprescindible para conocer la historia de las empresas familiares en Hispanoamérica lo supone el texto de Fernández Pérez y Lluch, Andrea, (eds.), «*Familias empresarias y grandes empresas familiares en América Latina y España. Una visión de largo plazo*», edita Fundación BBVA, Bilbao, 2015.

3. En concreto, qué pasa con las empresas familiares

Las empresas familiares tienen una historia, en algunos casos, incluso milenaria. Ya los fenicios en el año 1.100 antes de Cristo contaban con sagas familiares de navegantes empresarios de las que existen registros fehacientes, quienes ya transmitieron sus conocimientos e ideas de negocio a las siguientes generaciones de manera intencionada. Con posterioridad, se considera que, como tal empresa familiar, la primera registrada y que permanece hasta nuestros días corresponde a la compañía constructora japonesa Kongo Gumi, la cual es, aún ahora, la organización familiar más antigua del mundo con una trayectoria de 1.500 años y que es administrada ya por la 40ª generación (según datos del Teikoku Databank, en Japón existen en 2022 casi 45.300 corporaciones con una vida superior a los 100 años). Empresas como la también japonesa compañía hotelera Hoshi Ryokan, la vinícola francesa Chateau de Goulaine, la italiana Fondería Pontificia Marinelli, la alemana Hotel Pilgrim Haus, la mexicana dedicada al tequila José Cuervo o las colombianas Tres Castillos o Manuelita sobrepasan con mucho los dos centenares de años de pervivencia, siendo ejemplos vivos de una transmisión exitosa continuada en el tiempo, siempre en manos de una y la misma familia.

Por citar otros casos concretos, en esta ocasión españoles, la empresa de transporte Sagalés remonta su fundación al año 1641, la de bebidas navarra Chivite al año 1647 o Pasta Sanmartí de Alimentación al año 1700. Unas quince empresas familiares en España tienen más de 200 años de vida.

En cualquiera de los países que hemos citado, las empresas familiares suponen un porcentaje muy importante del volumen empresarial general, además de un grupo de entidades que son fundamentales para el desarrollo no solo económico sino también social. La empresa familiar es aquella donde una o más familias participan en la propiedad y en la dirección de la empresa, pero, además, hay una intención clara de continuidad en dicho formato. Y así, en España, con datos aportados por el Instituto de la Empresa Familiar (IEF), se estima que hay más de un millón de empresas familiares, siendo un 92,5% de las empresas españolas las de tipo familiar. En términos de empleo representan el 70,6% del empleo privado, es decir, dan empleo a más de 13,9 millones de trabajadores. El total de su facturación equivale a casi 60% del PIB español.

En el caso concreto de este tipo de empresas en México, las empresas familiares no solo se consideran aquellas donde las familias, a través de sus miembros, tienen capacidad de maniobra en una o varias empresas. También son estimadas como familiares, aquellas empresas que, cotizando en los mercados, el paquete accionarial más importante lo detentan familias, aunque no participen directamente en la gestión. Alrededor del 70% de las entidades listadas tienen el control mayoritario de una familia, mientras que su participación accionarial es de aproximadamente 50% del total de bonos en circulación. Ello hace que la mayor parte de las empresas mexicanas se puedan considerar familiares, representando estas 9 de cada 10 empresas constituidas. Un dato muy revelador es que el 70% de las empresas familiares desaparecen después de que su fundador fallezca, y tan solo un 12% lograr sobrevivir hasta la tercera generación. Otra cifra enormemente reveladora es que el 99% de las pymes en México son de naturaleza familiar.

Según el Banco Interamericano de Desarrollo (BID), más del 80% de empresas en el Perú son familiares y contribuyen con más del 70% del PBI, con una participación en el empleo que alcanza entre el 60% y 70%. La Asociación de Empresas Familiares de este país reporta que hay cerca de 3 millones de empresas registradas con estas características.

La situación de varios países con respecto a las empresas familiares se refleja en la tabla adjunta:

Porcentajes de empresas familiares a nivel mundial

País	Porcentaje	Autor
Estados Unidos	80.0%	Gonzáles & Olivie, 2018
España	88.8%	Gonzáles & Olivie, 2018
China	84.5%	Gonzáles & Olivie, 2018
India	79.0%	Gonzáles & Olivie, 2018
Brasil	77.0%	Fuller et al., 2021
Ecuador	86.0%	Mogro y Barrezueta, 2018
Colombia	70.0%	Hernández et al., 2020
Chile	86.0%	Arias, 2019
Perú	80.0%	BID/AEF/CCL, 2017

En cuanto a la pervivencia, se tiene constatado que el 70% de las compañías familiares fracasan al experimentar la sucesión de la primera a la segunda generación; sólo el 30% logran pasar a la segunda generación; y un 3% pasa a la tercera generación. Asimismo, otros estudiosos de este tipo de empresa sostienen que sólo alrededor del 3% de las empresas familiares sobreviven hasta la cuarta generación y más allá.

En 2019, la United Nations Conference On Trade And Development (UNCTAD) y la Family Business Network (FBN) realizaron el Proyecto *Family Business for Sustainable Development* (FBSD)[4] con el objetivo de que las empresas familiares alcanzasen la sostenibilidad organizada considerándola como un planteamiento empresarial propio. Este primer proyecto tuvo como objetivo principal conceder a las empresas familiares herramientas para aportar razones fundadas a una debida sostenibilidad, promover la inversión sostenible y respetuosa, asegurar el éxito de dichas empresas y sumarse, así, al cuidado del planeta para las futuras generaciones.

Cinco son las estrategias exitosas detectadas para la continuidad empresarial, siendo estas:

1. Profesionalizar la empresa desde el más temprano momento posible, formando o contratando profesionales altamente capacitados para que las dirijan o las apoyen.

2. Separar los cuatro entornos clásicos de familia, propiedad, patrimonio y empresa, mediante protocolos y órganos de gobierno corporativo bien diseñados y puestos en marcha de manera eficaz, garantizándose así el futuro.

---

4   https://fbsd.unctad.org/

3. Establecer planes estratégicos adecuados al tipo de empresa y a su continuidad y futuro.

4. Diseñar herramientas adaptadas tales como los Consejos de Familia o los Protocolos Familiares que se amolden a cada organización.

5. Efectuar oportunamente los procesos de sucesión y cambio generacional teniendo en cuenta tanto su diseño adaptado como un proceso seguido con criterios profesionales.

Este último punto es al que dedicaremos apartados concretos en este libro, dada su importancia para el mantenimiento y el porvenir de las organizaciones, en este caso con especial énfasis en las empresariales, y más en concreto aquellas que son de fundamento familiar.

4. Ejemplos notables de pervivencia de las empresas familiares

La Empresa Familiar es la forma dominante de la estructura empresarial en todo el mundo. Tanto en Europa como en Estados Unidos, América Latina o Asia su representación en el total de empresas supera el 70% y contribuye en torno al 50% del empleo. En términos de Producto Interior Bruto (PIB) esa participación oscila entre el 45% y el 80%. En concreto, en la Unión Europea (UE-27) hay aproximadamente 17 millones de empresas familiares que emplean a 100 millones de personas y representan el 60% del tejido empresarial de la UE 27.

En el ya clásico Informe «*Global Family Business Index 2025*» realizado por EY y la Universidad de St. Galen, se cita expresamente que la importancia de las empresas familiares en el mundo es tal que la suma de las 500 mayores empresas familiares globales equivaldría a la tercera economía más grande del mundo, por detrás de Estados Unidos y China. Además, su aumento de un 10% con respecto al Índice elaborado en el año 2023 supone un mayor incremento que el que mantuvo el PIB mundial que fue del 3,3% en los dos últimos años. Este estudio considera que las 500 empresas familiares más grandes en el mundo generan más de 25 millones de empleos directos[5].

Diversos estudios confirman que la rentabilidad económica (entendida como la relación entre los resultados de explotación y activos totales) de las empresas familiares (3,8%) supera en más de un punto a las empresas no familiares (2,6%). También ocurre con la rentabilidad financiera, que, en porcentaje, en el caso de empresas familiares es del 10,2% y en el de las no familiares del 7,4%[6].

---

5   Toda la información sobre el Índice '*Global Family Business Index*' puede consultarse en 2025 EY and University of St.Gallen Global Family Business 500 Index

6   Los datos ofrecidos son del año 2022 y se pueden consultar en Informe: '*Relevancia y supervivencia de la Empresa Familiar: la Empresa Familiar en España en 2025*' — AEFAS

LAS MAYORES EMPRESAS FAMILIARES DEL MUNDO
Ingresos (miles de millones de dólares).

Empleados
(en miles)

Empresa	Ingresos	Empleados
Schwarz	151	550
Robert Bosch	93	402
Aditya Birla	60	140
INA-Holding Schaerffler	58	309
Hinduja	50	200
Mars	45	140
Phoenix Pharma	37	39
HEB Grocery	33	145
Aldi	32	250
Mercadona	31	96

Expansión

Fuente: EY/Centro Universitario de Saint Gallen para la Empresa Familiar

EMPRESAS FAMILIARES DE AMÉRICA LATINA

	Nombre	Familia	País	Ingresos
	JBS	Batista	Brasil	65.000
	América Móvil	Slim	México	41.600
	Techint Group	Rocca	Argentina	27.100
	Antarchile	Angelini	Chile	24.900
	Banco Bradesco	Aguiar	Brasil	19.000
	Grupo Bimbo	Servitje	México	17.200
	Marfrig Global Foods	Molina Dos Santos	Brasil	15.800
	Cencosud	Paulmann	Chile	15.500
	Alfa	Garza Sada	México	15.200
	Falabella	Solari	Chile	15.100
	Grupo México	Germán Larrea Mota-Velasco	México	14.900
	Metalúrgica Gerdau	Gerdau Johannepeter	Brasil	14.500
	Grupo Comercial Chedraui	Chedraui	México	9.300
	Arca Continental	Barragán	México	9.200
	Companhia Siderúrgica Nacional	Steinbruch	Brasil	8.900
	Orbia Advance Corp	Del Valle	México	8.800
	Votorantim Participaciones	Moraes	Brasil	8.700
	Quiñenco	Luksic	Chile	8.500
	Organización Soriana	Soberon/Bringas	México	7.700
	Grupo Elektra	Salinas	México	7.200
	Magazine Luiza	Trajano	Brasil	6.500
	Grupo Aval	Luis Carlos Sarmiento	Colombia	6.400
	Empresas CMPC	Matte	Chile	6.300
	Industrias Peñoles	Bailleres	México	6.000
	Grupo Televisa	Azcárraga	México	5.100
	Energisa	Botelho	Brasil	5.000
	Cosan	Mello	Brasil	4.800
	Gruma	Moreno	México	4.700
	WEG	Voigt/silva/Waninghaus	Brasil	4.400
	Porto Seguro	Garfinkel	Brasil	4.200
	Xignux	Garza Herrera	México	4.100
	Grupo Lala	Haro	México	4.000
	Industrias Bachoco	Robinson Bours	México	4.000
	Agrosuper	Vial	Chile	4.000

EMPRESAS FAMILIARES EN ESPAÑA

	Empresa	Posición en el ranking global	Sector
1	Inditex Group	43	Consumo
2	Mercadona S.A.	48	Consumo
3	Acciona S.A.	102	Energía
4	El Corte Inglés	122	Consumo
5	Gestamp Automoción S.A.	146	Industria
6	Ferrovial S.A.	215	Infraestructura
7	Barceló Group	269	Hostelería
8	Grifols S.A.	279	Salud
9	Grupo Catalana Occidente	320	Seguros
10	Grupo Antolín	393	Industria
11	Puig Brands S.A.	418	Industria
12	Prosegur Compañía de Seguridad	423	Servicios
13	Tecnicas Reunidas S.A.	433	Infraestructura

Fuente: Global 500 Family Business Index de EY y la Universidad St. Gallen

CASO PRÁCTICO. 20 de las más grandes empresas familiares en el mundo por capitalización (2024)

1. Novartis

Tipo de Industria: Atención Sanitaria. **País:** Suiza. **Capitalización de mercado:** 279 mil millones de dólares. **Familia propietaria:** Sandoz.

2. Roche

Tipo de Industria: Atención Sanitaria. **País:** Suiza. **Capitalización de mercado:** 254 mil millones de dólares **Familia propietaria:** Hoffmann-Oeri.

3. Walmart

Tipo de Industria: Consumo Masivo. **País:** Estados Unidos. **Capitalización de mercado:** 241 mil millones de dólares. **Familia propietaria:** Walton.

4. Facebook

Tipo de Industria: Tecnología de la Información **País:** Estados Unidos **Capitalización de mercado:** 225 mil millones de dólares. **Familia propietaria:** Zuckerberg.

5. Anheuser-Busch InBev

Tipo de Industria: Bebidas Consumo Básico. **País:** Bélgica. **Capitalización de mercado:** 197 mil millones de dólares. **Familias propietarias:** Lemann, Sicupira, Telles.

6. Oracle

Tipo de Industria: Tecnología de la Información. **País:** Estados Unidos. **Capitalización de mercado:** 192 mil millones de dólares. **Familia:** Ellison.

7. Samsung

Tipo de Industria: Samsung Electronics. **País:** Corea del Sur. **Capitalización de mercado:** 174 mil millones de dólares. **Familia propietaria:** Lee.

8. Volkswagen

Tipo de Industria: Consumo Discrecional. **País:** Alemania. **Capitalización de mercado:** 120 mil millones de dólares. **Familia propietaria:** Piëch-Porsche.

9. Kinder Morgan

Tipo de Industria: Energía. **País:** Estados Unidos. **Capitalización de mercado:** 90 mil millones de dólares. **Familia propietaria:** Kinder.

10. Nike

Tipo de Industria: Consumo Discrecional. **País:** Estados Unidos. **Capitalización de mercado:** 88.2 mil millones de dólares. **Familia propietaria:** Knight.

11. Tata Consultancy Services

Tipo de Industria: Tecnología de la Información. **País:** India. **Capitalización de mercado:** 80 mil millones de dólares. **Familia propietaria:** Tata.

12. SoftBank

Tipo de Industria: Servicios de Telecomunicaciones. **País:** Japón. **Capitalización de mercado:** 72 mil millones de dólares. **Familia propietaria:** Son.

13. McKesson

Tipo de Industria: Atención Sanitaria. **País:** Estados Unidos. **Capitalización de mercado:** 55 mil millones de dólares. **Familia propietaria:** McKesson.

14. Sun Hung Kai Properties

Tipo de Industria: Finanzas. **País:** Hong Kong. **Capitalización de mercado:** 49 mil millones de dólares. **Familia propietaria:** Kwok.

15. Foxconn

Tipo de Industria: Tecnología de la Información. **País:** Taiwán. **Capitalización de mercado:** 46 mil millones de dólares. **Familia propietaria:** Gou.

16. Richemont

Tipo de Industria: Consumo Discrecional. **País:** Suiza. **Capitalización de mercado:** 46 mil millones de dólares. **Familia propietaria:** Rupert.

17. Reliance Industries

Tipo de Industrias: Energía, Petroquímicos, Retail. **País:** India **Capitalización de mercado:** 45 mil millones de dólares. **Familia propietaria:** Ambani.

18. Phillips 66

Tipo de Industria: Energía. **País:** Estados Unidos. **Capitalización de mercado:** 43 mil millones de dólares. **Familia propietaria:** Phillips.

19. Carnival Corporation

Tipo de Industria: Consumo Discrecional. **País:** Estados Unidos. **Capitalización de mercado:** 37 mil millones de dólares. **Familia propietaria:** Arison.

20. CK Hutchison Holdings

Tipo de Industrias: Puertos, Retail, Infraestructura, Energía y Telecomunicaciones. **País:** Hong Kong. **Capitalización de mercado:** 36 mil millones de dólares. **Familia propietaria:** Li

5. Pero, específicamente, ¿Qué está ocurriendo en estos momentos?

Todas las organizaciones, en particular las empresariales, se encuentran condicionadas por los cambios que ocurren en su entorno; y eso, es inevitable. Pero la velocidad con la que se suceden los acontecimientos en nuestro mundo actual, provoca que, en ocasiones, todo se convierta en una vorágine muy difícil de controlar y de seguir.

Las circunstancias y variables que concurren condicionando la situación de organizaciones y empresas con respecto a la sucesión y la continuidad son prácticamente las mismas en todo el mundo. Las dividiremos en dos conjuntos de variables, las que podemos denominar como de origen exógeno, es decir aquellas que provienen de fuera de la organización, tales como las demográficas, las económicas y las sociales, y aquellas que son de origen endógeno, o generadas en el interior de las entidades, tales como las organizativas, las relacionales y las personales.

Variables de procedencia exógena. Tres serán las variables genéricas que la situación socio-económica del primer cuarto del actual siglo XXI implican y condicionan a las organizaciones en su proceso de garantizar la continuidad, sobre todo a las empresariales, siendo estas variables las siguientes: demográficas, económicas y sociales.

- *Demográficas*: A partir del inicio del presente siglo XXI, se da una situación específica en el interior de las organizaciones que no se había producido hasta ese momento. Partiendo de las generaciones nacidas antes de las dos guerras mundiales (llamadas *Generación Perdida* y *Generación Grandiosa*) y gracias a la existencia de un largo período de paz y construcción social que se extendió hasta el inicio de los años sesenta del pasado siglo, se obtuvo como resultado la confluencia de unos grupos generacionales denominadas por los sociólogos como *Constructores*. Fueron los que provocaron y asentaron el crecimiento económico en dichos años, produciéndose gracias a ello un aumento poblacional prácticamente en todo el mundo durante esos mencionados años sesenta. Y ello trajo consigo, posteriormente, sobre todo por el aumento de la longevidad, la convivencia en el interior de las organizaciones empresariales de varias generaciones con ideales, aspiraciones y necesidades distintas, lo que nos obliga a un análisis segmentado y adaptado a los diferentes colectivos de cohortes o grupos poblacionales que conviven juntos en la actualidad. Esta convivencia o vida en común generacional implica, al menos y preferentemente, a cuatro de las cinco generaciones detectadas y localizadas en la actualidad, en particular las centrales, siendo estas:

◊ *Builders,* los ya mencionados «constructores» también denominados como «*Generación Silenciosa*», aquellas personas nacidas en las décadas alrededor de las conflagraciones mundiales y que, aún quedando cada vez menos por razones biológicas, todavía se mantienen en puestos de dirección con edades superiores a los 70 años. Esta tipología poblacional dentro de las entidades suele presentarse en organizaciones del tipo: empresas familiares, grandes corporaciones en la alta dirección o instituciones no lucrativas como Fundaciones o similares.

◊ **Baby Boomers**, nacidos antes y durante la década de los sesenta del siglo XX, se caracterizan por tener un referente mental aplicado al uso de la tecnología preferentemente analógico, aunque se mueven con cierta agilidad en el mundo digital. Son aquellos que, en la actualidad, se van acercando a la jubilación y que, todavía, algunos se encuentran activos laboralmente.

◊ **Generación X**, nacidos desde el inicio de los años sesenta hasta el final de los años ochenta. Su edad media se encuentra a partir de la cuarentena y detentan puestos con una alta capacidad de decisión y de ejecución. Son, todavía, inmigrantes digitales, que, sin abandonar el mundo analógico, ya se encuentran habituados a usar las herramientas digitales más que las analógicas.

◊ **Generación Y o Millennials**, que salen al mundo en las dos últimas décadas del siglo XX y se incorporan a los diferentes contextos organizativos con el inicio del nuevo siglo; actualmente se encuentran desde la mitad de la veintena hasta la cuarentena y ya comienzan a tener presencia directiva o de influencia, en particular en las empresas tecnológicas. Se consideran nativos digitales y su mundo perceptivo y de relación contempla un uso continuo y continuado de la tecnología, la cual no les resulta para nada ajena.

◊ **Generación Z o Centennials**, ya totalmente digitalizados, son los nacidos en la primera década del totalmente eclosionado siglo XXI. Aunque algunos sean muy jóvenes todavía para la inserción organizativa y empresarial plena, comienzan a llegar a las organizaciones de manera temprana debido a su dominio de la tecnología y de sus diversas, y, en ocasiones, muy especializadas herramientas. Son ya tecnólogos avezados, muy acostumbrados a trabajar en el universo digital.

Cohortes demográficas occidentales

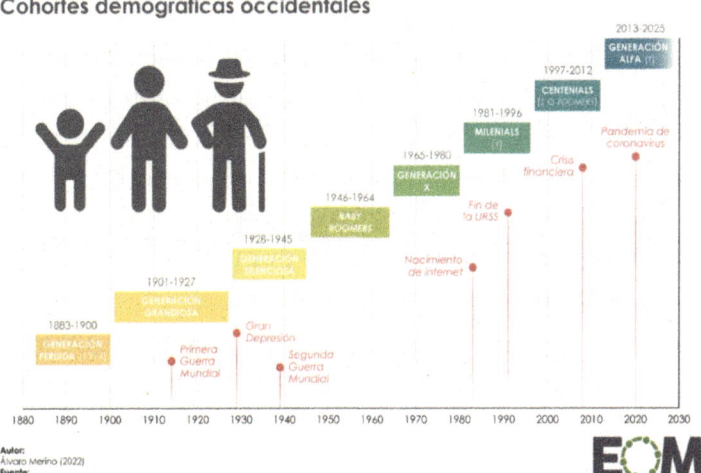

La convivencia con necesidad de acople más directa al final del primer cuarto del siglo XXI se da entre los

Baby Boomers y la *Generación X*, teniendo, así mismo, concepciones diferentes en los modos de afrontar tanto el trabajo en sí, como las relaciones en el interior de las empresas. En el caso de la *Generación Y*, todavía entrando paulatina y mayoritariamente en las organizaciones, su relación con la tecnología los hace moverse de manera muy diferente en el mundo empresarial, alterando de manera considerable la situación tanto del mercado laboral general como el propio del interior de cada organización, debido a su importante bagaje tecnológico, y su mayor capacidad de maniobra laboral.

Si tomamos las referencias ya establecidas en cuanto a las diferentes cohortes poblacionales existentes en la actualidad, podemos observar la gran diferencia entre los *Baby Boomers*, fruto del incremento poblacional posterior a las conflagraciones mundiales de la mitad del convulso siglo XX y la *Generación Y* o los *Millenials*, dado que la *Generación Z* la podríamos considerar todavía con un cierto criterio de asentamiento organizativo por razones de edad, por supuesto.

- *Económicas:* Como aspecto peculiar que también se produce al final del primer cuarto del siglo XXI, nos encontramos con una situación relativa al conjunto de los recursos aportados por las generaciones que no había tenido lugar hasta entonces; es la llamada, en el mundo anglosajón, «*The Great Generational Wealth Transfer*» o la «*Gran Transferencia Interge-*

neracional», muy condicionada por las variables demográficas antes comentadas.

Esta gran transformación hace referencia al traslado patrimonial que desde los *Baby Boomers* (incluso ya desde los *Builders*) se produce hacia sus herederos, lo que se ha estimado por parte del World Economic Forum (WEF) que llegue a suponer unos 84 billones de dólares en todo el mundo, que acabará convirtiendo a los miembros de la *Generación X*, fundamentalmente, y a algunos tempraneros de la *Generación Y*, en las generaciones más ricas de la historia.

De este modo, todavía en la comenzada década de los veinte del siglo veintiuno, los *Baby Boomers* con la franja de edad más numerosa en cuantía, se encuentran copando los puestos más relevantes en las organizaciones y las empresas. Detentan, además, la mayor capacidad adquisitiva, siendo quienes heredaran lo realizado por los *Builders*, transmitiendo a las *Generaciones X* e *Y* el resultado de sus actividades económicas en formato de legado generacional. En estos momentos, todo lo relacionado con las herencias se está volviendo una temática de gran interés para los estudiosos de la economía, dado que se empieza a medir con datos fehacientes su gran impacto tanto social como directamente económico.

- **Sociales:** Como consecuencia de todo lo anterior, aparecen variables relacionales de base social que condicionan, directamente, el futuro de las organizaciones y las empresas. El comienzo de la jubilación de los *Baby Boomers* conlleva la traslación de los puestos de trabajo en general, pero en particular los de nivel directivo, a las siguientes generaciones, sobre todo a la inmediatamente posterior que son aquellos que configuran la ya citada *Generación X*.

Y tal es el caso concreto de las empresas familiares, por poner un ejemplo gráfico, donde los miembros de esta *Generación X* han visto el tipo de vida que llevaron sus progenitores, presentando, además, en general, formaciones y desarrollos profesionales diferentes a los de sus padres y madres, contando así mismo con aspiraciones personales y familiares de otro tipo, y que se acaban convirtiendo en reivindicaciones: Disposición de un tiempo mayor de ocio y de interacción con las familias y con su propio entorno relacional, una vivencia distinta con el dinero y el status social, y, sobre todo, que cuentan con una visión muy diferente en su modo de llevar a cabo el trabajo y en relación a las interacciones y las obligaciones derivadas de este; tal es el caso de todo lo relacionado con la conciliación familiar y personal, por poner un ejemplo. Estas circunstancias tomarán un cariz todavía más propio y distinto en el caso de la *Generación Y*, también denominados *Generación Millenial*. Aquella antigua consideración sobre la relación con las empresas basada en el orgulloso emblema de una fidelizada «dedicación 24/7», ya no se suele estimar que resulte, al final, un modo de vida satisfactorio.

Este último conjunto de circunstancias se convertirá en determinantes del modo de percibir no solo el trabajo, sino también, y en concreto, la continuidad empresarial. Los hijos de empresarios y empresarias, o los profesionales con negocios propios, sean de la dimensión que fuere, tienen problemas, en la actualidad, para realizar un legado efectivo y confiado de sus organizaciones dado que, en numerosas ocasiones, han fomentado, legítimamente eso sí (tal es el caso de recomendar a sus descendientes que estudien para desempeñar ocupaciones liberales alejadas del desempeño de la propiedad empresarial), el distanciamiento profesional e incluso personal hacia sus empresas y negocios, debido, sobre todo, a una asumida sensación de sentir que la vida empresarial, al menos la suya, supone un volumen importante de sacrificios que, salvo en la parte meramente económica, pueden condicionar de manera directa negativamente su vida cotidiana como propietarios y empresarios. Y ello se extiende, prácticamente por todos los países de órbita capitalista, donde, los hijos no continúan la labor empresarial y de los negocios de todo tipo, dado que tienen otras expectativas laborales y profesionales e, incluso personales, sobre todo, en el ámbito relacional de la familia y las interacciones sociales.

LECCIÓN APRENDIDA

La ausencia de candidatos, en cantidad y en calidad, con el consiguiente problema para los propietarios y empresarios a la hora de hacer pervivir sus logros organizativos, obliga a afrontar una sucesión organizativa de manera estructurada y pautada.

Variables de procedencia endógena. Todo lo referente al proceso de sucesión y de continuidad de una organización, sobre todo si es una empresa, resultando decisivo cuando estas son familiares, supone un riesgo con tres vertientes: la organizativa, la relacional e, incluso, la personal. En concreto, resulta vital este último punto, en todo aquello que afecte a la persona a quien se vaya a suceder. Y, por supuesto, la sucesión se convertirá en posible siempre y cuando existan candidatos para un puesto de dirección y gestión con múltiples responsabilidades.

Podemos considerar que las variables que afectan en procesos de sucesión y afianzamiento de la pervivencia organizativa proceden de estas tres vertientes mencionadas. Y así, analizamos, en detalle, las siguientes tres como las relevantes:

— **Organizativas**. Son aquellas que afectan a la organización en un amplio sentido, y que, aplicables a las empresas, se pueden denominar empresariales. Estas tienen que ver con diferentes aspectos relacionados con el proceso de sucesión que se vaya a plantear. En concreto afectan a:

  • La falta de planificación en el proceso de continuidad se convierte en un gran problema dado que, si se deja el futuro al albur de la suerte, las posibilidades de éxito son mínimas.

  • La detección de los perfiles ideales es un factor decisivo, sobre todo si se da esta situación en una empresa familiar con diferentes socios que sean familia, considerando todos ellos que tienen los mismos derechos a participar en el proceso, incluso con respecto a los sucesores procedentes de cada una de las facciones de las familias participantes.

- El formato de organización, sobre todo en el caso de las empresas, máxime en lo referente a las familiares, es de orden vital a la hora de afrontar el proceso. Por ejemplo, en numerosas empresas familiares existe una gran confusión entre el patrimonio familiar y el patrimonio empresarial, y todos los familiares, sobre todo si son directos, consideran que tienen los mismos «derechos sucesorios», sobre todo con respecto al patrimonio generado.

- Los procesos ideados para la continuidad no son inamovibles. Por ello, toda posible planificación, sea organizada o no lo sea, tiene que ser, necesariamente, flexible ante las circunstancias y adaptables las empresas a las contingencias que pudieran ir apareciendo.

— **Relacionales.** Que afectan a las relaciones internas que se pueden llegar a producir cuando se considera que hay que poner en marcha un proceso para la pervivencia organizativa que lleva implícito tanto el deseo de continuidad como el hecho de abrir un proceso de sucesión. Las cuestiones relacionales más habituales que conlleva esta puesta en marcha de un proceso de este tipo son las siguientes:

- Asegurarse de que, en realidad, y en verdad también, el momento elegido sea el adecuado para afrontar un proceso de sucesión y de continuidad a través de la designación de un candidato/a o de varios posibles.

Igualmente, retrasar lo inevitable no generará, a futuro, más que males mayores, así como situaciones complejas que pueden derivar en problemas de gravedad.

- La necesaria confidencialidad en el proceso, que, debido a las indiscreciones, pueden poner en serio peligro el resultado esperado.

- En las organizaciones pequeñas o medianas, en particular en las empresas familiares, sobre todo si estas son PYMES, el entramado de relaciones va, en numerosas ocasiones, más allá de lo meramente profesional, implicando incluso a elementos foráneos a la propia organización. Esto resulta especialmente relevante en las actividades de integración social de las empresas, que suelen estar orientadas por los gustos de algunos de sus directivos o, en las empresas familiares, por miembros específicos de la familia (el patrocinio de equipos de deporte que practiquen los miembros de la familia es un claro ejemplo).

- Todo lo que afecta a la continuidad, genera, desde el primero momento, emociones de todo tipo. Por ello, es importante hacer frente a una «gestión de la emocionalidad», que permita hacer más gobernable tanto la situación misma de la continuidad en su formato de proceso, como el conjunto de todas sus implicaciones.

- Existe una máxima que no suele cumplirse cuando se pone en marcha un proceso no organizado de sucesión: la voluntad de respeto por lo existente. Cambiarlo todo, realizándolo de manera tajante o de forma impuesta, si, además, se hace en un plazo corto de tiempo produce situaciones de enorme tensión, salvo que un momento de urgencia lo demande. Suelen ser mejores los cambios paulatinos, concatenados y coherentes, que, incluso, puedan ser debidamente explicados, y, a poder ser pactados y consensuados, frente a aquellas actuaciones más de corte inmediato, con dificultad para su explicación y justificación.

— **Personales:** En estas resulta muy importante la detección precoz de ciertos aspectos relacionales, porque suelen ser espoletas de detonación, que, de producir impactos negativos en personas concretas, pueden traer consigo efectos muy perniciosos, así como resquemores futuros de difícil detección y peor solución. Las dividiremos en tres apartados:

• Las que afectan a la persona que transfiere el mando[7]:

◊ Quien va ser sustituido, en el caso de los máximos niveles jerárquicos, sobre todo si resulta ser o el fundador o la persona que guarda el carisma de la organización, tendrá su punto de vista tanto sobre el proceso a seguir como sobre el candidato ideal; dicho punto de vista puede no ser coincidente con el resultado, y, como consecuencia, tiende a ser impuesto de manera explícita o lateral.

---

7   Proceso de sucesión por fases concebido para el sucedido. En Guinjoan, Modest, y Llaurador, Josep María, *50 respuestas a 49 dudas sobre la sucesión. Una guía para pymes familiares y autónomos*, Fundación Índice, Dirección General de Política de la Pequeña y Mediana Empresa, Madrid, 2009, p. 37.

◊ El sustituido, sobre todo si está en una etapa final de su trayectoria vital, suele querer dejar una impronta más allá del mero resultado empresarial u organizativo. Por ello, hay que gestionar dicho legado, evitando que dañe a la propia organización o empresa; por el contrario, si existe buena voluntad desde el inicio, su trayectoria, resultados obtenidos, pero, sobre todo su experiencia acumulada, son valiosas enseñanzas que no debieran perderse. Será lo que trataremos más adelante refiriéndonos a ello como el Legado.

• Las que concurren en los posibles candidatos:

◊ Estar en condiciones de alcanzar una posición jerárquica relevante, sobre todo si la organización o la empresa es notoria o muy arraigada en el entorno, genera ilusión, así como expectativas. Por ello, conviene ser realista, y poder contrastar con alguien lo que supone la sacrificada vida de la persona con una máxima responsabilidad. Y así, todo este trance que resulta convertirse en responsable máximo es mucho más que un privilegio, llegando incluso a convertirse en una pesada carga; no es apto para cualquiera y lo honesto es trasladar estas experiencias al candidato que resulte elegido.

◊ Por su parte, los candidatos posibles pueden generar una ilusión, propia o incluso ajena, desde su entorno, que pueda resultar difícil de mantener en el tiempo. Por ello, hay que tener mucho cuidado con las expectativas y en cómo se manejen.

◊ Además de la preparación del proceso sucesorio, es muy importante saber qué se vaya a trasladar como organización, tanto interna como externamente. En ocasiones, por la emoción generada debida a la posibilidad efectiva de ser candidato o habiendo sido elegido como sucesor, hace que se olvide que, para aceptar el cometido, deberá conocerse de manera limpia la información sobre la situación de la organización, máxime si esta es una empresa consolidada. Dejar para el futuro lo que pueda ser cuestionable al inicio no es una buena política sucesoria. Se podría acabar convirtiendo no solo en una rémora para el futuro, sino también, propiamente, en un cepo imposible de eliminar que condicionaría al propio sucesor en sus planes de futuro.

◊ No todas las personas se mueven por los mismos intereses; es más, como tal, tampoco hay candidatos perfectos, todos tenemos nuestras debilidades y ámbitos de mejora. Por ello, deriva en fundamental ser y obrar con prudencia a la hora de otorgar el mando pleno, y, por lo tanto, no es nada recomendable hacerlo sin las debidas garantías.

• Las que implican a otras personas de la organización:

• Un proceso de sucesión genera, habitualmente, expectativas, fundadas o no; pero lo que crea siempre son inquietudes, tanto durante el proceso como en lo que corresponda al resultado final.

- Todo proceso de sucesión suele conllevar, prácticamente en todas las ocasiones, se quiera o no, algunos cambios o aportaciones que propondrá y llevará a cabo el sucesor para dejar su impronta en el futuro. Y ello, en algunas organizaciones, pero, sobre todo, en las empresas de tipo lucrativo, suele conllevar ajustes de algún tipo o incremento de los objetivos a lograr. En definitiva, cambios sobre la situación anterior al proceso mismo de sucesión los cuáles el entorno espera que se produzcan.

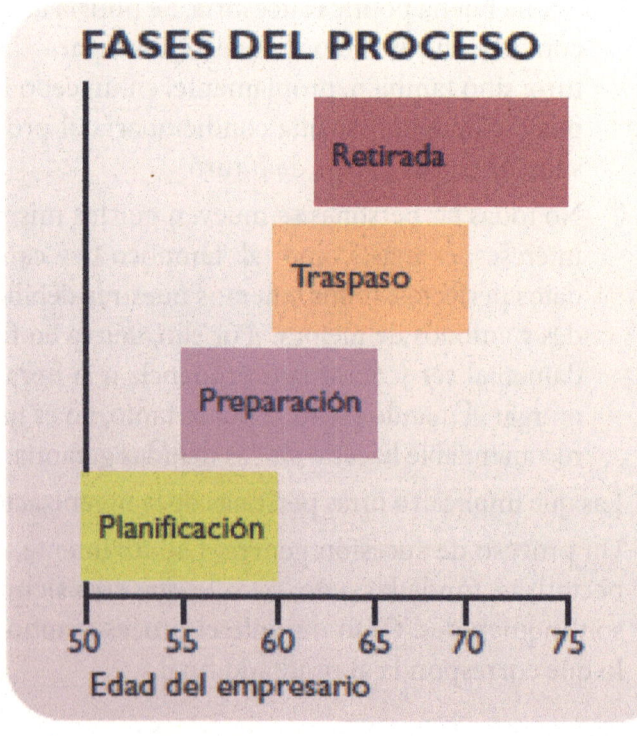

FASES DEL PROCESO

Retirada

Traspaso

Preparación

Planificación

50   55   60   65   70   75

Edad del empresario

LECCIÓN APRENDIDA

Los procesos para la sucesión que garanticen la continuidad han de tener en cuenta multitud de factores, tanto de procedencia externa como interna, al objeto de poder realizar con éxito los trámites necesarios que provoquen una continuidad realmente efectiva.

6. Sucesión Intuitiva versus Sucesión Organizada

Como ya hemos comprobado, todas las organizaciones, más en particular las empresariales y sobre todo las familiares, en algún momento se plantean la sucesión, como una forma de abordar la continuidad. Resulta inevitable; es ley de vida. Aún así, según un estudio elaborado por el consorcio internacional STEP Project con la colaboración de 40 universidades de diferentes partes del mundo, un 72% de los propietarios y líderes actuales de las empresas familiares admiten no haber pensado todavía en diseñar un plan de sucesión sobre su propia figura[8].

Como las personas, las organizaciones parecen pasar por ciclos «vitales». Así como también hay un envejecimiento de los profesionales que configuran dichas organizaciones, en particular quienes las hayan dirigido, sobre todo si son fundadores, a las empresas parece ocurrirles algo parecido. No darse cuenta de la necesidad de cambiar, de revitalizar las organizaciones, sobre todo las empresas

---

8   El Step Project Global Consortium for family enterprising se puede consultar en https://www.spgcfb.org/

de corte lucrativo, las aboca a una situación de complejidad añadida que puede afectar a su continuidad, y, por consiguiente, a su futuro.

En teoría, en las organizaciones dónde se dan cuenta de la necesidad de garantizar dicho futuro, suelen tener conciencia de que «hay que evolucionar, que hay cambiar, que mejorar, en definitiva»; sin duda alguna. Y así, la cuestión no es el QUÉ sino el CÓMO. Intuitivamente se sabe, pero el problema es ponerse a ello, con todo lo que conlleva, organizarlo y llevarlo a cabo. Y que ese todo acabe debidamente y se consigan los resultados esperados.

Este tipo de situaciones se agrava, máxime en las empresas y sobre todo en las familiares, cuando el fundador o la máxima cabeza jerárquica visible, por alguna razón, desaparece; o que, por ley de vida, debiera desaparecer de la capacidad de tomar decisiones, sobre todo si se produjese algún tipo de deterioro evidente. Y sí, cierto, no es fácil, nada fácil asumir esa situación.

Y si dicha situación viene forzada por circunstancias no previstas, el daño posible no solo se vuelve mayor, sino que también se hace más extenso. En frase que se le atribuye a Napoleón, «*En la estrategia hay dos factores vitales: el espacio y el tiempo. El espacio se recupera: el tiempo no*». Proponemos un ejemplo muy evidente, trasladando que, las personas que han tenido la oportunidad de conocer a fondo muchas empresas familiares saben que, con harta frecuencia, la realidad es bien distinta a la que se encierra en la frase de «el abuelo funda, los hijos debilitan y los nietos entierran». Es decir, es mucho más compleja. Por ello, hay que conocer con profundidad las razones y las consecuencias de cada momento.

En efecto, el problema no consiste tanto en la falta de capacidades de las siguientes generaciones, como en que los miembros de la segunda generación, sin tener bien definidas ni experimentadas las «reglas de juego» entre ellos, reglas propias de una «empresa familiar de hermanos», han de revitalizar un negocio donde, en la primera generación, por ejemplo, se haya dejado madurar excesivamente o donde no se haya previsto bien la sucesión, y, que, si el proceso siguiese, en la tercera generación, normalmente una «empresa familiar de primos», se añada al problema anterior la dificultad de recomponer un sistema de relaciones humanas entre los miembros de la familia. De este modo, la familia y la empresa se encuentran en una situación de desequilibrio por culpa de anteriores prolongadas crisis estructurales de hondo contenido humano, habitualmente no previstas.

Todo esto nos lleva a considerar que, en los procesos de sucesión, garantes de la continuidad, el tiempo es esencial para una gestión eficaz del proceso. Y por ello, hay que tener en cuenta tres tipos de tiempos:

- El tiempo o momento más idóneo para realizar la sucesión.

- El tiempo que va a durar el proceso, desde que en un inicio se detecta la necesidad o la obligación de suceder, hasta su resolución final satisfactoria.

- Y el tiempo de asentamiento de la obligación de contar con la sucesión como una contingencia empresarial más que habrá que afrontar en algún momento, y, a poder ser, con «normalidad».

Por todo lo expuesto, un deseable proyecto ordenado de sucesión organizativa, deberá contar con los siguientes elementos que lo sostengan, una reflexión práctica que no suele contemplar la intuición, sobre todo cuando esta se basa en deseos y en sentimientos; pero, ni mucho menos, en la experiencia. De esta manera, es obligado considerar que:

- El retraso en la toma de la decisión sobre la necesidad de suceder se puede considerar una factura más a pagar, pero una factura que pareciera tener vida propia y actuar por su cuenta.

- El proceso de sucesión es un proceso muy emocional y, muchas veces, no tan racional como sería deseable, por lo que resulta más cómodo resistirse, negar su necesidad, aceptar que no se está actuando a tiempo, pero conformarse, quejarse y no resolver, etc., frente a, por el contrario, tomar una postura activa para solucionarlo.

- Este tipo de iniciativas implican directamente a las personas a las que afecte la sucesión, sucedidos y sucesores, pero no se puede olvidar todo el conjunto de «afectados» directa o indirectamente, que se van a ver implicados, tanto dentro de la organización como en el exterior de la misma.

- En el caso de organizaciones ya con una cierta dimensión, va a ser necesario contar con asesores para apuntalar debidamente el proceso. En particular, los temas tanto legales como económicos, pero también podría ser necesario acudir a otro tipo de profesionales como puedan ser los mediadores en situaciones de conflicto, si el proceso se encona y se vuelve difícil, a veces prácticamente imposible de gobernar. A todo ello, dada su importancia, le dedicaremos todo un capítulo concreto más adelante.

- Durante el tiempo que dure el afianzamiento de la continuidad, es obligado mantener un espíritu positivo, entendiendo por todas las partes que el beneficio de hacerlo bien, es para todos los implicados, tanto para quienes lo estén personalmente en el proceso como para todos a quienes ello les afecte de manera lateral. Todo el mundo que se encuentre implicado debería tener una sensación final, por el trabajo debidamente realizado, de que este proceso «haya valido la pena».

LECCIÓN APRENDIDA

Un proceso de continuidad que conlleva sucesión pautada y diseñada para ser llevada a cabo no solo mediante la buena voluntad o la intuición aplicada, sino que, principalmente, tiene que ser concebida, organizada y realizada con criterios profesionales, velando, así mismo y fundamentalmente, por los intereses de la organización; por ello, no es conveniente dejar cabos sueltos o procedimientos mal encauzados.

OPTAMOS, POR LO TANTO, POR UNA SUCESIÓN ORGANIZADA.
Objetivo Final: Evitar la paralización de la organización y el daño a la continuidad.

7. El Consejo de Familia, la Asamblea Familiar y otras figuras de gobierno

En las situaciones específicas aplicables a la sucesión en las empresas familiares, la tipología y características de las cuáles ya han sido comentadas, hay dos figuras decisivas que permiten generar la sensación corroborada de control sobre la sucesión, y estas son: El Consejo de Familia y la Asamblea Familiar.

Suponen el modo de congeniar tres elementos que configuran el modelo clásico aplicado a las empresas familiares, el llamado Modelo de los Tres Círculos, obra de Davis y Taguiri: familia, empresa y propiedad.

EL MODELO DE LOS TRES CÍRCULOS

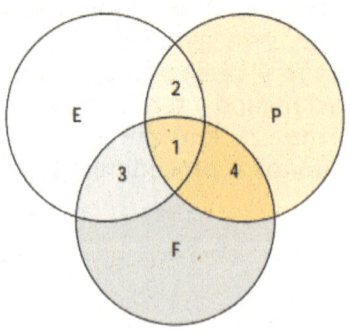

1. Propietarios y miembros de la familia que trabajan en la empresa.
2. Propietarios que trabajan en la empresa, pero no son miembros de la familia.
3. Miembros de la familia, no propietarios, que trabajan en la empresa.
4. Miembros de la familia y propietarios que no trabajan en la empresa.

(Davis y Tagiuri, 1980).

Ambos, Consejo y Asamblea, son los formatos de relación entre la empresa familiar y el entorno familiar, haciendo que entre estos dos mundos existan el máximo de
puntos en común posibles; y también, en la medida de
lo que se pueda, que congenien. Son, además de ello, los
órganos de control propiamente familiar con los que tendrá de lidiar la persona designada como sucesora. En los
procesos de sucesión organizada aplicable a empresas familiares, resultan imprescindibles y, por ello, inevitables.
En definitiva, son dos órganos de gobierno y de decisión
claramente diferenciados de aquellos otros órganos de gestión como son el Consejo de Administración o el Comité
de Dirección, los cuáles se tratarán más adelante.

El Consejo de Familia: Este es un órgano representativo
de los intereses familiares que tiene como misión velar por
la armonía entre los intereses de la familia y los intereses
de la empresa. En el Consejo de dirimen tanto los acuerdos
como los desacuerdos para conectar de la mejor manera
posible ambos intereses. Su objetivo es de mayor alcance
que la mera resolución de discrepancias; es, también, el
garante de la preservación de los valores propios de cada
empresa familiar, el primero de los cuáles debiera ser garantizar la unidad, tanto familiar como empresarial. Este
Consejo debe ser, así mismo, un instrumento para organizar reuniones familiares, guiar a los miembros más jóvenes
o de reciente incorporación, así como servir de correa de
transmisión de los designios del Consejo a los miembros
políticos de las familias.

Su existencia viene a suplir la visión unidireccional atribuida, habitualmente, al fundador, en la mayor parte de las ocasiones, oficiando de patriarca (o matriarca). La experiencia demuestra que, si no se fijan bien reglas de conducta claras en la familia, o de que en caso de existir no se respetan, se producen fricciones perjudiciales que constituyen un peligro potencial para crear y mantener la unión familiar, objetivo al que aspiran siempre los fundadores. Por tanto, una de las funciones del Consejo de Familia es crear dichas reglas y velar por su cumplimiento, sancionando las desviaciones que puedan producirse con argumentos que, sin provocar rencores, logren que se corrijan las anomalías antes de que sus consecuencias se conviertan en graves.

En definitiva, el Consejo de Familia es el depositario del buen entendimiento dentro de la familia para con la dirección y gestión empresarial. Se suele materializar en el denominado como **Protocolo Familiar**, del que hablaremos, con detalle, más adelante.

La Asamblea Familiar: Este es un órgano fundamentalmente informativo y consultivo, de carácter más bien lúdico y de encuentro, no teniendo, en realidad, poder decisorio vinculante. Deberían de formar parte de la Asamblea Familiar todos los miembros de la familia, incluyendo a familiares políticos, así como todos aquellos que no sean socios o no trabajen en la empresa. Suele ponerse en marcha a partir de la tercera generación, considerándose que, hasta ese momento, será suficiente contar con un Consejo de Familia, el cual haría también las funciones de Asamblea.

Las cuestiones a tratar en la Asamblea son, prioritariamente, de carácter familiar, afectando de modo muy indirecto a las empresariales, buscándose con este tipo de órgano mantener vivas las relaciones basadas en el parentesco.

En concreto, en la Asamblea se fomenta el diálogo intrafamiliar, se favorece la armonía y la cohesión familiares, además de ello se informa de los aspectos principales del negocio, pero no se entra en detalles de gobernanza ni de gestión. Así mismo se favorece la aportación de sugerencias, inquietudes o puntos de vista útiles y prácticos, también aprovechándose para motivar a las siguientes generaciones a integrarse en la dinámica común de cuidado del patrimonio familiar.

Un tercer elemento a considerar, de carácter legal relacionado con la propiedad lo sería la **Junta General de socios o de accionistas**. Este el máximo instrumento de formación y expresión de la voluntad general del conjunto de los socios o de los accionistas, propios de cualquier empresa bien organizada. Está regulado por imperativos de tipo legal, al margen de los planteamientos que establezca el Protocolo Familiar.

Y una cuarta figura a tener en cuenta y que ha tomado mucha carta de autoridad en estos últimos tiempos lo representa la **Oficina Familiar (*Family Office*)**. Consiste en un instrumento de ordenación y gestión del patrimonio familiar conjunto cuya función principal es la de llevar a cabo una adecuada gestión de las inversiones financieras, a la vez que pueden ofrecer una agrupación de servicios al grupo familiar, tales como el asesoramiento de inversiones, servicios jurídicos y fiscales, formación e información diversas. Este tipo de órgano, preferencialmente económico y financiero, es el indicado para empresas cuyo patrimonio, por dimensión, precisa inversión y desarrollo ejecutado por profesionales multidisciplinares que se ocupan de la gestión de dicho patrimonio a través de la diversificación, de todo tipo, de las colocaciones que se realicen, en particular, las excedentarias.

CASO CONCRETO: ¿Qué es una *Family Office*?

Una figura concebida y creada para orientar ciertos aspectos de la gestión de las empresas familiares lo representan las denominadas como *Family Office*. Esta figura permite la dirección y organización de las inversiones patrimoniales cuando la empresa crece en dimensión y en beneficios. Implica la gestión profesionalizada y eficiente del patrimonio financiero o inmobiliario. La Oficina Familiar se configura así, como una unidad operativa independiente, cuya función es la de invertir la riqueza generada a través de un único conducto, planificando inversiones, optimizando costes y realizando adquisiciones con criterios de rentabilidad y eficiencia financiero-fiscal. En definitiva, actuando como una empresa garante de la eficiencia en las inversiones del excedente económico y financiero familiar.

Se caracterizan por tres elementos definitorios:

- Unidad de criterio en gestión e inversión de activos no adscritos al negocio directamente.

- Aportando seguridad económica a la empresa familiar a través de la gestión conjunta de los recursos generados por esta y dedicados a la inversión.

- Contribuye al desarrollo de inversiones y áreas de negocio alternativas a las que concurran en el conglomerado familiar.

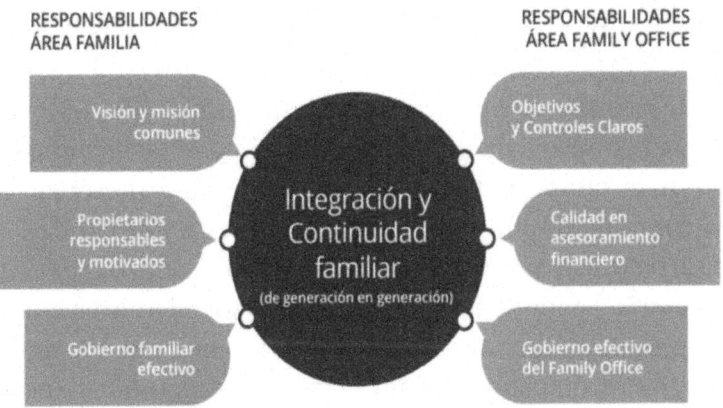

El funcionamiento de este vehículo inversor y de desarrollo se deberá fundamentar sobre la estrategia de inversión y riesgo que determine el Consejo de Familia. Por ello, es recomendable para aquellas empresas familiares que, debido a su propia madurez o al volumen de recursos generados, sepan distinguir muy bien las decisiones empresariales de las propiamente familiares, sobre todo si estas están basadas en criterios partidistas. De este modo, no todas las empresas familiares pueden utilizar este vehículo con garantías de rentabilidad y buen hacer. Deberá ser entendido como un elemento de cohesión e integración de intereses familiares y empresariales con responsabilidad propia y no sujeta a las veleidades personales o a criterios no contrastados o poco profesionales. Todos los miembros con decisión de la familia deberán conjurarse para convertir la Oficina Familiar en una unidad independiente, regida por un profesional de la gestión, quien no necesariamente deberá pertenecer a la familia. Es más, suele ser alguien proveniente del exterior, a quien se le dota de independencia de criterio y capacidad de maniobra suficientes para ejercer su labor de manera autónoma.

En definitiva, una Oficina Familiar es una herramienta técnica concebida para aumentar la riqueza de la empresa y, por lo tanto, de la familia, así como para preservar el patrimonio común generado. Dotar a esta unidad de las características propias de la eficiencia y la independencia necesarias, garantiza la utilidad para sus miembros constituyentes, pudiendo suponer, así mismo, un elemento integrador que aporte tanto la debida tranquilidad como una sensación de preservación ante el futuro de los valores familiares aplicados al negocio; eso sí, con un soporte económico y financiero importante y que pueda generar su propio resultado positivo.

2

¿CÓMO AFECTA A LA CONTI-
NUIDAD ORGANIZATIVA LA
SUCESIÓN?

Después de considerar, en un primer apartado, cuáles son los condicionantes que se deberán tener en cuenta para afrontar la propuesta de un modelo organizado para la pervivencia de una organización en el momento clave de la sucesión, es necesario comenzar a ordenar lo que haya que hacer. Vista ya la necesidad de abordar de manera organizada la continuidad, lo que denominamos el QUÉ de la misma, vamos ahora a ubicarla, hablando del CUÁNDO; en definitiva, se trata de organizar la sucesión para poder sostener la pervivencia.

Pero, para ello, hay que tener en cuenta que la experiencia nos dicta que los problemas de gravedad que llevan a que la tercera generación no sepa, no pueda o, incluso, no sea capaz de garantizar la continuidad de la empresa se gestan en el traslado de dicha continuidad de la primera a la segunda. Enunciaremos en este apartado cuáles son las cuestiones que hay que solucionar, incluso previamente al traslado sucesorio de la primera a la segunda y que, de no realizarlo debidamente, lastraran y condicionaran la pervivencia empresarial de la segunda generación a la tercera. Muchos de los problemas con los que, inevitablemente, se van a encontrar en la tercera generación, estaban ya larvados en la primera, debido a que no se tuvo el buen criterio de encauzar o solucionar cuestiones que tienen que ver con aspectos clave de la propia complejidad organizativa primera, entre ellos, la sucesión misma.

1. La organización como un sistema complejo. La teoría de los 4 círculos

Las organizaciones, como un elemento más del entramado socioeconómico, están sujetas a los mismos procesos y cambios que su entorno. Parece indudable que, en estos primeros años del siglo veintiuno, el nivel de complejidad, de interacciones que se producen en el mundo, se haya incrementado notablemente, afectando, como no, de lleno a organizaciones y empresas. Son las consecuencias de la globalización y la extensión del llamado «estilo internacional» unificador que tinta a todos los países desarrollados o en desarrollo con un color común.

Estamos todavía inmersos en el proceso de internacionalización y globalización generalizados que nos condiciona y determina. En un mundo ya global, hoy en día, las organizaciones, en especial las lucrativas, deben contar con planes estratégicos, realizados con mayor o menor detalle. Pueden haber sido pintados en un mantel (a poder ser de papel, la llamada vulgarmente como «estrategia de servilleta») durante una comida o elaborados con todo lujo de detalles por consultores especializados, pero lo que hacen todas organizaciones es, de un modo u otro, pensar y planificar su futuro. Y tales planes deberían contar ya con la consideración de las eventualidades o las contingencias imprevistas que puedan ser más localizables. La incertidumbre también está presente en la estrategia; y hay que tenerla en cuenta.

La realidad nos demuestra en el día a día que, en concreto, las empresas, azuzadas por la obtención de beneficios, imprescindibles para su subsistencia, estas han de manejar la existencia de una multiplicidad de variables que intervienen en la definición de tener presencia en la estructura global de los mercados, variables que, además, se ven alteradas con mucha frecuencia y que interactúan entre sí. Aspectos del entorno vinculados a los rápidos cambios tecnológicos, la nueva regulación y la globalización de los mercados ya citadas, la crisis económica y sus efectos, etc., ponen de manifiesto esa complejidad, así como las dificultades que tienen las empresas, entre otros agentes sociales, para entender lo que está sucediendo, y, con posterioridad, poder hacerles frente. Su presente y su futuro dependen de esa adecuada comprensión de lo que acontezca, así como deberán ser capaces de prever las posibles contingencias; y, por supuesto, resolverlas. Nuestro mundo, sin duda alguna, resulta cada vez más complejo e incierto, exigiéndose con ello una gestión lo más ordenada posible.

Y esta complejidad también está llegando a los procesos de continuidad, sobre todo los que implican sucesión, y, por lo tanto, obliga a concebir la pervivencia, no aferrándose a la mera supervivencia. Y así, las organizaciones se conciben ahora como entidades complejas (como un sistema complejo), debido a que, en esa interacción constante con el entorno, están conformadas por un conjunto de partes interdependientes que forman un todo en interacción constante con el entorno. Las fronteras entre las organizaciones y su entorno son cada vez más porosas, menos rígidas, en definitiva.

La génesis del modelo que vamos a presentar se remonta a las primeras entrevistas realizadas por John Davis y Renato Tagiuri en el año 1982 a líderes de empresas familiares. En su búsqueda por comprender las perspectivas, roles y desafíos de las personas involucradas en estos negocios, surgió la necesidad de crear un marco conceptual. La intención original del modelo de tres círculos era localizar individuos o grupos en el sistema, identificar sus diversos intereses y observar cómo interactuaban los intereses y las conductas individuales y grupales. Los tres círculos también pueden indicar temáticamente, por ejemplo, que los objetivos de los tres grupos pueden superponerse y seguir siendo distintos. La claridad y simplicidad del modelo permitió a las personas en el campo de la consultoría de empresas familiares explorar muchos temas propios con mayor detalle.

Los tres círculos, ya tratados anteriormente, representan tres esferas interconectadas: **el negocio**, **la familia** y **el grupo de propiedad**. Sin considerar estos tres elementos y sus interacciones, no se podría comprender completamente la dinámica de una empresa familiar. El modelo se convirtió en una herramienta esencial para organizar la información recopilada. Con posterioridad, Jordi Amat incorporó dos círculos más, la Gerencia y la propia Sucesión[9], dado que estima que la Sucesión se configuró en un elemento clave para la continuidad de las empresas, sobre todo las familiares.

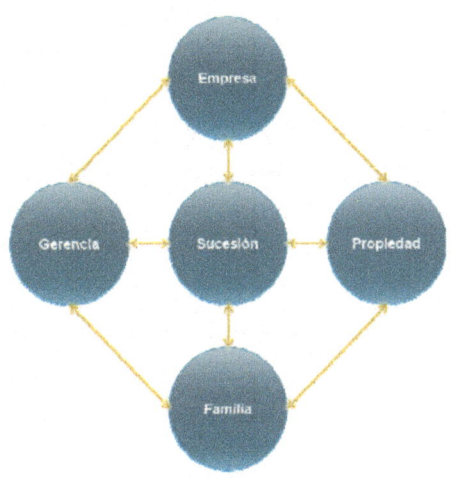

Con el objetivo de simplificar, a los anteriores modelos de los tres y los cinco círculos ya citados, añadimos, al inicio de los tres un círculo más, sobre todo cuando se concibió para estas empresas, en particular a las familiares, a las cuáles, en realidad, fueron las primeras a las que se les aplicó la explicaron basada en esa «teoría de los tres círculos». Y esos cuatro círculos se enmarcan, a diferencia de la propuesta de Amat, en un entorno totalmente condicio-

---

9   Amat, J., *La continuidad de la empresa familiar*, 2ª edición, Gestión 2000, año 2000, Barcelona.

nante que se convierte en un elemento más de las interrelaciones que incrementa la complejidad organizativa, pero que cobija a los cuatro círculos que ahora describimos. Las empresas familiares se encuentran muy implicadas con su entorno.

La imagen adjunta pretende mostrarlo de manera gráfica. Incorporamos el círculo de los afectados que provienen del interior de la organización, es decir, tanto el sucedido, como el sucesor, como los encargados de diseñar la sucesión, e, incluso, los miembros de la organización que están expectantes ante los acontecimientos que generará el proceso sucesorio. Dada la importancia que, en estos momentos, tienen las personas en las organizaciones, como ya veremos más adelante, el cuidado de los afectados por

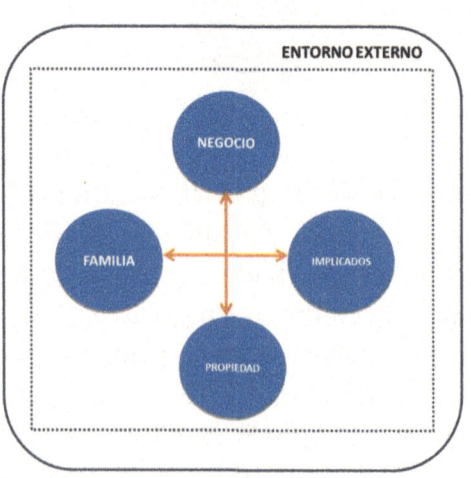

el mencionado proceso resulta decisivo.

La complejidad exige modificar la manera tradicional de dirigir la empresa ya que los instrumentos convencionales vinculados a las funciones de planificación y gestión no resultan suficientemente operativos. El grado de diversidad en los elementos constitutivos de la complejidad y la interacción entre ellos implica un amplio abanico de situaciones imprevistas, las cuales provocan circunstancias de alta inestabilidad y dificultan enormemente las posibilidades de predecir y controlar los acontecimientos. Consecuentemente, la complejidad se debe identificar y administrar a través de técnicas o procedimientos que potencien las características intrínsecas de la empresa como un sistema complejo con capacidad de adaptación, sobre todo con una cierta «vida propia», en ocasiones, implicando dificultades en la gestión. Hemos introducidos el círculo de los implicados porque, en definitiva, el factor más impredecible de todos son las personas.

No podemos olvidar que la esperanza de vida de las empresas familiares es aproximadamente la mitad que la de las no familiares[10]. Y el momento más delicado es, precisamente, cuando se retira el antiguo propietario o el dirigente carismático; ahí se vuelve imprescindiblemente necesaria una gestión con tintes propios por parte de los nuevos dirigentes. Los implicados, en este caso, sucedido y sucesor, con toda la carga familiar añadida, como seres humanos que son, tienen claros y oscuros, y se comportan, como no podría ser de otra manera, de forma humana.

---

10   Cifras obtenidas de Sánchez-Crespo, A., (2012), «La empresa familiar: una cuestión de vocación», artículo en *Recursos Empresariales*.

2. La complejidad jurídica, mercantil y accionarial

Toda organización, para configurarse, precisa una estructura jurídica, una composición como entidad mercantil (en el caso de las empresas) y una organización con una propiedad; en el caso de las lucrativas, esta estará compuesta por acciones o participaciones. Para una correcta continuidad y con el consiguiente diseño preciso para garantizarla, es fundamental contar con claridad en la composición jurídica como organización (así como que también exista dicha claridad en los acuerdos precisos plasmados documentalmente), la determinación de la faceta mercantil y conocer a fondo la composición accionarial y, por supuesto, lo que esta supone. Ofrecemos un ejemplo muy claro. Las organizaciones, especialmente las lucrativas, cuya composición accionarial es igualitaria, por ejemplo, dos propietarios al 50% o cuatro propietarios al 25%, con el paso del tiempo se vuelven ingobernables, sobre todo en la época que afecte al proceso sucesorio, dadas las inquietudes e incluso pasiones que esta circunstancia provoca. Y, sobre todo, que no haya nadie que tenga capacidad de decisión por no existir mayoría alguna, ello puede inducir a una anarquía organizativa generalizada.

Una herramienta a considerar, en el caso de las lucrativas, especialmente concebida para las empresas familiares, y que ayuda a la gestión de la complejidad para la generación de recursos, lo supone la configuración de una **Sociedad Holding**. Es un formato que favorece la gestión del proceso sucesorio y que debería considerarse antes de entrar en ese tipo de iniciativa, base para la propia continuidad.

El iniciador de la empresa suele tener como preocupaciones básicas una primera y primaria supervivencia y su posterior crecimiento. Incluso la puede llegar a diversificar y, en algún momento, comenzar a considerar la generación de un crecimiento ordenado. Ese crecimiento, si conlleva la idea de legar lo obtenido a generaciones futuras, es conveniente reorganizarlo a través de un conjunto de operaciones que permitan dotar a la compañía de una estructura de Sociedad Holding familiar. De este modo, se provocará que ese legado buscado se realice de manera pautada, evitándose con ellos males mucho mayores.

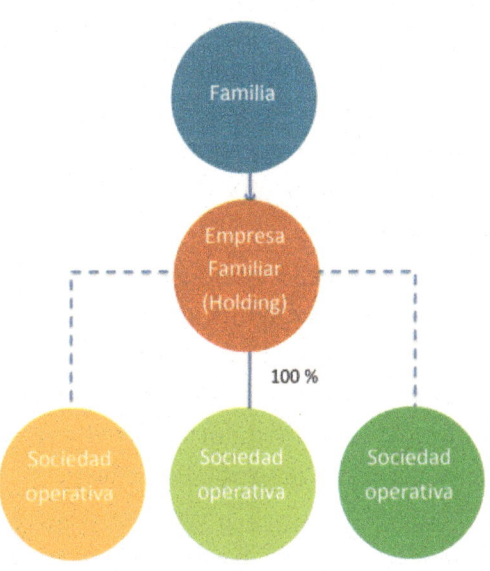

Concentración, orden, evitar conflictos y generar los órganos de administración de la empresa son los objetivos principales de este tipo de sociedad en las empresas familiares.

La Sociedad Holding Familiar es un vehículo que tendrá en su activo las participaciones de todas las empresas de la familia, y de la que serán socios los propios miembros de las distintas ramas familiares propietarias, quienes se convertirán así, a su vez, en los dueños de todo lo que afecten a la empresa o empresas de la familia.

Las Sociedades Holding son un vehículo jurídico que permite agrupar participaciones o acciones de las empresas que puedan configurar un grupo, permitiendo una gestión centralizada. Así mismo, prestan servicios globales a las empresas agrupadas de manera coordinada, permiten una mejor ordenación de los negocios y minimizan riesgos. Además de ser ese vehículo jurídico ideal para empresas de tipo familiar, son la base para la implantación de mecanismos y procesos propios tales como los Protocolos familiares, las directrices que se apliquen en los Consejos de Familia u otros mecanismos de relación diversos ya vistos en el punto anterior.

En cuanto a los aspectos mercantiles y patrimoniales, la Sociedad Holding ubica y aglutina activos separándolos de las sociedades operativas, concentra recursos con implicaciones fiscales y permite simplificar el patrimonio de los socios, facilitando aspectos tales como el control jurídico de la empresa, así como la propia sucesión.

Antes de iniciar un proceso sucesorio, es conveniente, tal y como hemos ya considerado, realizar un repaso de la situación jurídica, mercantil y accionarial de cada organización concreta, máxime si ello afecta a un conjunto, mayor o menor, de empresas. Revisar estas dimensiones organizativas facilita no solo el proceso sucesorio en sí, sino que lo encauza mejor, reduciéndose con ello la complejidad, y evitando que esta se acabe convirtiendo en agotadoras complicaciones derivadas de una gestión en exceso personalizada.

3. La complejidad en la gobernanza

Gobernar no es mandar. Gobernar supone la incorporación de sistemas de control y supervisión que garanticen la gobernabilidad y, como resultado, la pervivencia de una organización. Garantizar la continuidad se tiene que apoyar en formatos bien consolidados.

Ante el paso de la primera a la segunda generación, primeros momentos en los procesos de sucesión, afianzándose en el paso de la segunda a la tercera, se debieran haber realizado las operaciones de reestructuración que se han descrito en el punto anterior, creándose por ello una sociedad holding, que tendrá en su activo las participaciones de todas las empresas de la familia y de la que serán socios los miembros de la familia propietaria que, de esta manera, y a través de la sociedad holding, conservarán la propiedad de todas las empresas que existan, pero, de manera más organizada.

A pesar de ello, y en el caso de las empresas familiares, frente al futuro, los problemas ante una adecuada gobernanza a los que se enfrentan son tres:

- El relevo generacional, que afecta tanto a la sucesión en el liderazgo de la empresa como a la incorporación de las nuevas generaciones, sobre todo las correspondientes a los descendientes directos, tanto para el tránsito de la primera a la segunda, como, sobre todo, de la segunda a la tercera.

- La obligada distinción entre la propiedad y la capacidad de gestión, ya tratada, pero en la que nos reiteramos dada su importancia como un inevitable referente para una mejor gobernabilidad.

- Las relaciones interpersonales entre los miembros de la familia, en particular quienes tengan puestos y cargos directivos dentro de la empresa. De este modo, la coexistencia en el interior de la empresa familiar de las miembros familiares, con necesidades y criterios distintos, puede originar todo tipo de conflictos que acabasen afectando a la gobernanza de la empresa si no se adoptasen las medidas tanto de prevención o, una vez aparecidos los conflictos, de gestión de los mismos. La desconfianza es el minador de relaciones más eficaz, y, por ello, hay que evitarla, o, en su defecto, hacerla mínima.

Al objeto de encauzar la gobernabilidad de la empresa en un futuro, siendo lo más conveniente organizar la entidad en el formato ya explicado, se deberá dotar a la empresa familiar de los Órganos de Gobierno pensados para un ejercicio sano de la gobernanza, siendo estos, habitualmente, los siguientes:

— Órganos de Gobierno de la empresa:

- Junta de Socios/Accionistas.
- Órganos de Administración y Comisiones (Consejo de Administración y Dirección General).

— Órganos de Gobierno de la Familia:
- Asamblea o Junta de Familia
- Consejo de Familia.
- Seguimiento: Comité del Protocolo Familiar.

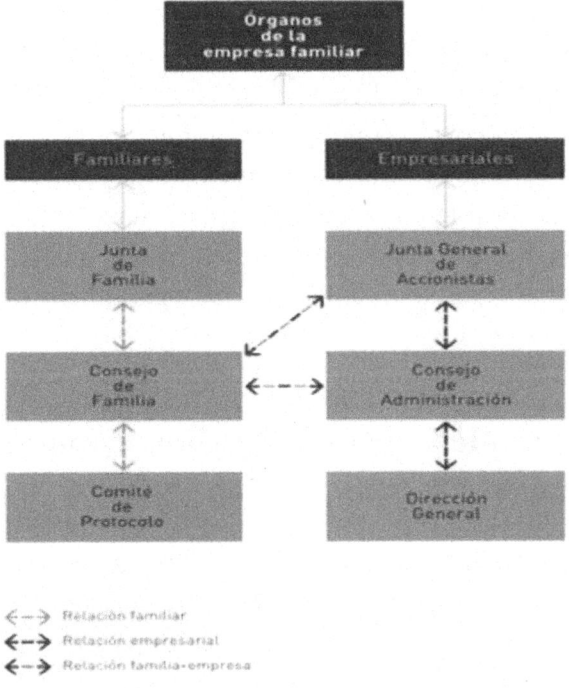

En todo este proceso ya descrito, adquiere una importancia muy relevante la profesionalización tanto de los puestos de trabajo desempeñados por familiares, dado que la tendencia general es a colocar a miembros de la familia en posiciones de relevancia y con capacidad de gestión, así como en los propios órganos de gobierno. Esta profesionalización afectará, así mismo, a los requisitos que se establezcan tanto para el acceso a poder trabajar en la empresa como a los que se determinen para el desempeño de los mencionados puestos clave, sobre todo los que se albergasen en la alta dirección. El caso de mayor transcendencia lo supone la sucesión del máximo nivel de jerarquía y de relevancia en la organización, siendo la situación que más precisará un proceso pautado y organizado, realizado con planificación y que garantice la pervivencia de la empresa.

Capítulo aparte y que no trataremos en esta publicación, lo supone todo lo concerniente a la gestión empresarial a más largo plazo, una vez que se haya producido la sucesión, la cual irá por los cauces normales que se aplican a cualquier tipo de organización para garantizar una adecuada gestión.

4. La complejidad en la gestión económico-financiera. Cómo generar presente

La faceta que corresponde a la gestión económico-financiera es algo no solo inevitable, sino también necesaria para que la organización, máxime si es una empresa, desarrolle sus actividades con total normalidad, cumpliendo así con todas sus obligaciones.

Además de la documentación habitual de esta faceta (Balances, Cuentas de Resultados, Pérdidas y Ganancias, Gestión Fiscal, las declaraciones y presentación de los diversos impuestos, etc.), en el caso de la sucesión se precisan otros documentos complementarios que sean específicamente concebidos para apuntalar la continuidad.

Tales son los siempre inevitables Estatutos Sociales (que hay que adaptar a las cambiantes circunstancias que vayan apareciendo, si ello fuese necesario, aunque con la máxima cautela), de haberlas, las capitulaciones matrimoniales y el testamento o testamentos existentes. Esta documentación deberá estar siempre localizada y en situación de custodia en un lugar conocido y accesible para los representantes de la organización.

Tal y como estamos estableciendo, legar una organización, una empresa a un futuro sucesor (a) debería pasar por todo el proceso previo que hemos estado describiendo. No hacerlo, no preparar a la propia organización, en concreto a una empresa que tiene la obligación de generar valor añadido, en concreto beneficios para su subsistencia, aboca al sucesor a ponerse en manos de la voluble fortuna y que esta, a poder ser, le resulte favorable. Es más, no tener orientadas las directrices anteriores, no solo condiciona al sucesor, sino que, de no estar solucionado, antes de comprometerse habiendo sido el elegido, debiera este solicitar las mejoras que se considerasen pertinentes para poder ejercer sus nuevas funciones con la debida solvencia. La sucesión, de no diseñarse también en el ámbito organizativo, se convierte en un absoluto regalo envenenado.

Lo mismo acontece con los aspectos fiscales. Además de ser obligado, por las consecuencias que podría acarrear, contar con un instrumento de planificación financiero-fiscal, esto facilita acogerse a las ventajas fiscales a las que se pudiera tener derecho. Por una parte, el sucesor deberá tener constancia explícita de que la empresa, sobre todo si esta es familiar, se encuentra al corriente de todas las obligaciones fiscales, debiendo aportarse para ello evidencia documental emitida por la Agencia Tributaria correspondiente. Además de lo apuntado, también se deberán acreditar tanto la relación que exista entre las propias empresas en el caso de ser varias las que haya de dirigir la persona sucesora (teniéndose en cuenta las operaciones vinculadas y los precios y costes de transferencia), así como los beneficios fiscales existentes, y, en particular, a cuáles se haya adscrito ya su organización.

Otras cargas fiscales que debieran ser tenidas en cuenta son el Impuesto sobre Sucesiones y Donaciones, así como sus efectos tanto con respecto a la Transmisión *Mortis Causa* como a la Transmisión *Intervivos*.

Estas cuestiones últimas, entre los directivos, máxime si esto ocurre en el seno de una empresa familiar, suelen dejarse para otro momento, por las implicaciones que conllevan, tanto organizativas en las empresas como por las propiamente afectivas. A nadie le gusta ponerse en una situación tan límite como lo que supone la desaparición de las personas, sobre todo si esta afecta al fundador o a quien dirige de manera muy evidente, tanto por las cuestiones y débitos que se contraen, como por las distorsiones que podría conllevar. Pero es necesario pensar que pueden ocurrir eventualidades, máxime en un mundo tan complejo como el actual, y, por lo tanto, lo más inteligente es no darle la espalda ni ignorarlas.

Los herederos se enfrentan a una situación diferente cuando el sucedido o el potencial sucesor fallece. En el caso del fallecimiento del predecesor, los sucesores pueden no estar lo suficientemente preparados cuando, obligados, pudieran tener que desempeñar su nuevo rol de modo muy inmediato. La desaparición del líder implica al menos tres nuevas tareas dentro de la empresa, que son necesarias para que el negocio continúe con su actividad, siendo estas: el reconocimiento de la pérdida, una obligada reorganización en la familia y en la empresa, y la pre disposición ante las nuevas ideas. Y las tres afectan a la dimensión económico-financiera porque, habitualmente, ésta se encuentra en manos del líder, que, si tiene que ser sustituido, sobre todo por una situación sobrevenida de carácter radical, un fallecimiento, por ejemplo, no va a poder contarse tan fácilmente con su visión del futuro más adecuado para la organización; e incluso, del propio presente. Y ese futuro, se sostiene en anteriores decisiones sobre la economía y las finanzas de la empresa

En primer lugar, el reconocimiento de la pérdida es el primer paso para una posterior gestión eficaz. Es habitual que, ante este tipo de circunstancias, las personas intenten continuar con su vida como si nada hubiese pasado. Sin embargo, es fundamental asumir la pérdida y tomar conciencia de que la realidad ha cambiado; y que esa realidad actual vendrá condicionada por decisiones tomadas en el pasado. Es conveniente pensar que lo que ocurrió y que tenga consecuencias en la actualidad, tuvo sus propias razones y que dichas razones, válidas en el momento de haberlas tomado, puedan haber quedado en el olvido y ser consideradas inadecuadas en el presente. Siempre hay que saber «la razón de porqué» se tomó la decisión que se tomó, o se hizo lo que se hizo, antes de cuestionar el resultado.

Un segundo elemento a considerar lo supone la reorganización de la familia y la empresa, lo que conlleva un lento proceso en el que se ha de redefinir el rol de cada individuo, siendo muy conveniente detectar las relaciones que se tienen que fortalecer. El problema radica en que cada individuo asume la nueva situación a un ritmo distinto. Encontrar el formato económico y financiero más adecuado, adelantándose un paso más a lo ya conseguido, será una de las principales funciones del nuevo líder. Y todo ello, impregnándose las decisiones del estilo que cada sustituto tenga en su modo de actuar. Saber ganar la posición, partiendo de un fundador seguramente con un carisma propio, va a pasar por realizar una gestión adecuada de los recursos actuales para orientar las mejoras en el futuro. Eso sí, la organización, mientras tanto, estará en situación de vigilancia activa.

Y ya un tercer y último elemento a considerar, lo suponen las nuevas ideas, sobre todo las que vaya aportando el nuevo líder, el sucesor, las cuáles van a pasar por el criterio tanto de los familiares que trabajen en la empresa, como de aquellos que, aun no siendo parte activa de la misma, la sientan como propia y que estén también preocupados por su evolución. Parecerse al sucedido no suele ser la mejor estrategia. Es necesario que cada individuo halle su propio estilo y que se abra a nuevas opiniones, aceptando, de esta manera, las nuevas ideas que le puedan reforzar; deberá, por lo tanto, mantener un comportamiento poroso con su entorno, ganándose con ello la legitimidad de ejercer el puesto para el que ha sido elegido. Vale más un mal original que una buena copia.

Todo lo planteado tiene un claro objetivo y este es: GENERAR PRESENTE, es decir, garantizar la continuidad organizativa con las mínimas alteraciones posibles, aunque sabiendo que la aparición de un nuevo líder traerá lógicos cambios.

LECCIÓN APRENDIDA

Hay que cuidar el presente de la organización para mejor poder afrontar el futuro. La prevención siempre es buena, así como el control sobre lo que se vaya a ejecutar. Una línea de continuidad, pero con mejoras es lo más adecuado para un primer momento de la sucesión orientada hacia la continuidad. Tiempo habrá de poner "el sello personal" por parte del recién llegado.

5. La Gestión de los Intangibles. Generar Marca

Pero, en un proceso de sucesión para garantizar la continuidad, no todo son cifras, datos, intereses materiales o mera consecución de objetivos como organización; hay más elementos a considerar y que afectan a las dimensiones de lo que podemos denominar como lo «intangible» derivado de las actividades de la organización o de la empresa en diversos aspectos.

Este intangible afecta a dos dimensiones: lo intangible consecuencia de las relaciones personales y familiares entre los integrantes de la organización, en el caso concreto de una empresa familiar, y los intangibles propios de lo que representa la organización hacia el exterior. Ambas dos dimensiones exigen su propia gestión, lo que denominaremos «la Gestión de los Intangibles», intra y extra.

La Gestión de los intra intangibles. Que corresponde a las relaciones que se establecen en el proceso de sucesión que, si no se administran bien, pueden lesionar dicho proceso y, por correlación, al futuro de la organización.

Los propietarios de empresas familiares ven la organización como un símbolo de la cultura familiar, así como un reflejo de sus valores y se sienten identificados con ella, considerándola como algo más que un mero activo susceptible de venta; como sentimiento, somos más que una empresa, somos más que una familia; somos una familia empresaria. No obstante, cuando se adquiere una empresa de este tipo se suele mantener el nombre y parte de la filosofía empresarial, ya que el comprador suele valorar también, para la pervivencia, lo propio de la empresa adquirida. Este tipo de familias cuidan más la empresa porque sienten que la imagen de toda la familia se verá ligada a la de la organización, preocupándose por tanto de estos aspectos. Los valores y las aspiraciones de los familiares relacionados con la empresa, directa o indirectamente, forman parte de la batería de intangibles de la organización que no se pueden soslayar ni eliminar. Por lo tanto, es preciso gestionarlos.

Existen seis tipos de problemas que suelen ocurrir y que hay que tenerlos en cuenta para la Gestión de los Intangibles internos y que pueden alterar un proceso de sucesión con orientación de continuidad, y estos son:

1. La pérdida del sentido de patrimonio común familiar, dado que cada miembro de la familia, en los procesos de sucesión, sobre todo en la tercera y cuarta de ellos, toma caminos distintos, en muchas ocasiones no vinculados ni con la propia familia y ni con el patrimonio familiar.

2. La salvaguarda de los intereses económicos particulares, que puedan afectar al patrimonio de la empresa familiar. Para garantizar dicha salvaguarda y que no afecte al normal desarrollo de la empresa, se elaboran pactos entre los accionistas que se suelen incorporar al Protocolo Familiar para que haya constancia clara de cómo abordar estos procesos. Con el paso de las sucesivas generaciones, si la empresa genera gran cantidad de beneficios, habrá miembros de la familia que prefieran hacer líquidas sus participaciones; ello no puede suponer una causa de conflicto o de enfrentamiento. Por ello, esta circunstancia también deberá ser regulada.

3. Todo lo relacionado con la política de dividendos de la empresa, partiendo de la existencia de los mismos, deberá regirse por criterios que cuiden los intereses empresariales. Por ello, deberá evitarse tanto la descapitalización de la empresa, por exceso de liberalidad a la hora de otorgarlos, como una acumulación excesiva de recursos propios infrautilizados.

4. La gestión de los puntos de vista diferentes también es una circunstancia que no suele tratarse a la hora de dilucidar qué efectos pudiera tener la discrepancia en la gestión interna. En sus primeras etapas, las

decisiones suelen estar centralizadas en la figura del fundador, pero cuando la organización crece, se van incorporando figuras de decisión provenientes de la familia; y así, los puntos de vista discrepantes, por lógica, se van haciendo más numerosos. Aprender a entenderse y evitar radicalizar las posturas, tanto las conservadoras como las arriesgadas, exige cintura, gestión del debate, y, sobre todo, el máximo consenso final posible.

5. La incorporación de familiares a la empresa también conlleva una dispersión de la propiedad, lo que implica una necesidad de concentrar las decisiones basada en la diversidad de puntos de vista, lo que origina coaliciones y la posibilidad de que se produzcan grupos encontrados, así como la aparición de desavenencias que pudieran ir más allá de lo meramente empresarial. No saber distinguir bien los intereses propios, personales o de coalición, de los intereses generales de la compañía exige una gestión nada sencilla, en línea con la complejidad ya explicada. Pero, hay que hacerla.

6. Por su parte, la gestión de las desavenencias, cuando se vuelve compleja debido a que las posturas se enconan, pasando de lo profesional a lo personal, deviene, habitualmente, en una crisis. Por ello, normativizar, como veremos más adelante, a través de herramientas como los Protocolos de Sucesión o Familiares, así como los Acuerdos derivados de la Asamblea de Familia como puedan ser los Códigos de Conducta, resultan vitales tanto para evitar

como para solucionar posibles conflictos internos. Muchas empresas familiares no consiguen sobreponerse a estas circunstancias, lo que daña irreparablemente su continuidad y su futuro.

La Gestión de los extra intangibles. Cuando la empresa familiar ya tiene una trayectoria consolidada y se encuentra radicada en el entorno de manera firme, existen vinculaciones que se van solidificando y convirtiendo en parte de la dinámica de gestión; a estos vínculos, condicionantes, les denominaremos los extra intangibles. En definitiva, así como existe ya la consideración del valor que supone tener «marca personal» en el caso de las personas, también existe, sobre todo para este tipo de empresas, una «marca organizativa», esto es, todo ese conjunto de elementos de respaldo institucional que origina y que supone la opinión externa sobre su valor de referencia. Entre estos elementos destacamos:

1. La figura del representante máximo de la organización, sobre todo si es el fundador (o fundadora, por supuesto), cotiza en el exterior. Su consideración por el entorno como un activo propio de la empresa se convierte en un determinante que puede ayudar o dificultar el desarrollo empresarial, sobre todo en momentos decisivos como el proceso de sucesión.

2. La trayectoria empresarial y el tiempo de pervivencia. La posibilidad de que la continuidad de la empresa se encuentre en manos internas, suele ser mirada por el entorno con mayor recelo que si la gestión futura se deja en manos de un ajeno; en términos muy gráficos, el ajeno goza de tiempo de gra-

cia, y cierta consideración, pero el interno no tanto. La valoración sobre los continuadores familiares se suele contaminar con mayores dosis de suspicacia y de crítica, puesto que se considera socialmente que el derecho a gobernar una compañía no puede deberse únicamente a la consanguinidad. Dicho de una manera más rotunda, se entiende que la capacidad de liderazgo y de gestión eficaces no necesariamente se hereda, como se puede heredar la propiedad.

3. La misma gestión de la incertidumbre, que se avivará en los procesos de sucesión, implicando por ello, sobre todo si la empresa tiene dimensión, a la garantía de continuidad. Las empresas que tienen un peso específico grande en su entorno, bien por la propia actividad o bien por el número de profesionales que albergue, entre otros factores, conllevan preocupación e interés en relación a una correcta solución de cualquier tipo de eventualidad que pudieran producirse, y que ponga en solfa el futuro de la organización. Se suele decir que incertidumbre y negocios son malos aliados.

CASO CONCRETO: El Consejo Asesor

Las empresas, utilizando un símil biológico, además de nacer, crecen y, cuando esto ocurre de manera sana y continuada, como efecto, se van haciendo cada vez más complejas, pero, también mejor organizadas; es además una garantía para su pervivencia. Por ello, la toma de decisiones también se complica y se precisa tener más información para su manejo para el bien de la empresa, y, por ello, contar con otros puntos de vista leales sostenidos en la profesionalidad y la experiencia permite aminorar la incertidumbre.

Es ahí, en ese momento, cuando aparece la figura del Consejo Asesor, un órgano de carácter informal y no regulado legalmente, solicitado por la dirección de la empresa, para apoyar a dicha dirección en la mejor orientación estratégica, táctica y operativa de la misma. Contar con profesionales independientes pero implicados, engarzados en la empresa con responsabilidad ante ella, permite minimizar la incertidumbre y cercar, en gran medida, los riesgos, incluso proceder a su eliminación. Y una ventaja añadida es que los consejeros de este tipo, frente a lo que ocurre en los Consejos de Administración, no conllevan responsabilidad legal sobre los órganos de gobierno, además de que la relación contractual no genera compromisos posteriores.

La literatura canónica sobre este tipo de figura determina cuatro tipos de Consejos Asesores, en función de la primacía de su función: Consultivos, Técnicos, Reputacionales y Facilitadores[11]. El perfil de los profesionales que lo constituyen suele ser el mismo: un/una profesional con experiencia y conocimientos que ya haya tenido funciones directivas y que sepa desempeñar su labor atendiendo a criterios específicos, todos ellos orientados a la mejora de situación de la empresa. También suelen contar con la red

---

11   Clasificación realizada por Exec Avenue, a Eurosearch Company, en sus estudios anuales sobre «*Los Consejos Asesores en España*».

de contactos y relaciones necesarios para que la empresa saque partido de ellos en beneficio propio de manera absolutamente legítima. Por ello, los consejeros deberán apoyarse en los criterios inscritos en el Buen Gobierno Corporativo, orientando sus funciones hacia la mejora de la administración y la gestión de la sociedad, dando apoyo a la dirección de esta. Y así, aportan ideas trabajadas y adecuadas a cada organización, facilitan contactos y realizan labores de apoyo, de todo tipo a la organización donde realizan su labor de Acompañamiento; no son meros asesores áulicos, sino que también deberán apoyar a la máxima dirección con un formato de acompañamiento, encontrándose para ello al lado del tomador de las últimas decisiones o al de su equipo, asistiéndolos.

De este modo, y en gran medida, el Consejo Asesor acompaña en la toma de decisiones y en su puesta en práctica en la empresa, aunque a través tanto de la figura de su máximo responsable como a través de otros medios de representación de la compañía, como puede ser el Consejo de Administración o el Comité de Dirección. Pueden también ejercer su función, debido a su propia especialidad (estratégica, de gestión, comercial u operativa) dando un apoyo efectivo a los otros directivos que compongan la cadena de mando de la empresa.

Desde un punto de vista operativo, y como elementos constitutivos del Consejo Asesor es preciso destacar que:

- Deberá estar compuesto, preferentemente, por un número impar de miembros, no siendo recomendable una cantidad mayor de 7 participantes.

- El plazo del cargo suele ser de entre dos y tres años
- Las reuniones se establecen a criterio del responsable máximo de la empresa, siendo recomendable unas 6 al año.
- La función de consejero genera relación contractual de carácter mercantil, conllevando por ello una retribución pactada con anterioridad.
- El consejero deberá contar con un elenco importante de virtudes, tanto profesionales como humanas. Es recomendable plasmar sus funciones en un documento elaborado expresamente para ello.

Hay que hacer notar que la función de consejero supone una segunda carrera profesional para aquellos directivos destacados y con una trayectoria notoria, quienes se encuentran en disposición de poner al servicio de las empresas a las que se adhieran un bagaje de conocimientos muy útiles para las organizaciones donde desempeñen su función. Es parte de ese talento que no tiene edad y que es obligado hacer todo lo posible para que no se pierda.

En definitiva, un Consejo Asesor bien planteado y organizado, supone un instrumento estratégico de dirección y gestión que aporta un gran valor a las compañías que lo implantan, favoreciéndose con ello un crecimiento más acelerado y armónico de las actividades propias de cada organización.

CON PLAN DE SUCESIÓN	SIN PLAN DE SUCESIÓN
Estilo consultivo o democrátivo	Estilo autoritario o manipulador
Plan coherente y realista	Resistencia a los cambios
Se cumplen plazos y compromisos	Improvisación, injusticias, nepotismo
El sucesor es competente	Cambios repentinos sin causa
Participación activa e información	

Garantías de futuro	Ansiedad por el futuro
Colaboración	Desinterés Apatía Boicot

3

¿HAY RIESGOS EN LA SUCESIÓN?

Pues, como todo en la vida, como ocurre con cualquier decisión, máxime si esta implica a numerosas personas y situaciones, abordar la sucesión, por supuesto, conlleva riesgos. Pero mayor riesgo supone no hacerle frente y gestionarla. Y, por lo tanto, una adecuada planificación palía, que no elimina, los posibles riesgos inherentes.

Antes de entrar a su abordaje, es necesario considerar que no todas las organizaciones se pudieran encontrar en el mismo momento evolutivo para abordar la sucesión. De este modo, podemos caracterizar los distintos momentos atendiendo a la situación temporal en la sucesión. Estableciendo una tipología basada en el momento concreto de abordar la continuidad, nos encontramos con cuatro formatos en función de la renovación generacional. Y así, consideramos la existencia de:

- La organización de primera generación, que es aquella donde el fundador y, habitualmente, máximo propietario, unifica el mando y la capacidad de decisión alrededor de su propia figura.

- La organización de segunda generación, que ya implica al colectivo de sucesores familiares directos del fundador, y que conlleva la constitución de una sociedad de hermanos. Suele existir, al menos al inicio, una convivencia entre la primera y la segunda generación, siendo designada, habitualmente, la primogenitura, como la garantía «natural» de la continuidad. Aunque, eso sí, la propiedad de la organización recae sobre los hermanos, convirtiendo a la empresa en la ya mencionada «sociedad de hermanos».

- Un tercer momento organizativo lo constituye la traslación de la capacidad de maniobra a la tercera generación. Son ya los descendientes de los padres, pasando el fundador a convertirse en el «viejo de la tribu», a quien se acude en busca de consejo; como bien dice el refrán, «del viejo, el consejo». Aparecen otras figuras familiares como primos y familiares indirectos, haciendo todavía más compleja la convivencia tanto empresarial como familiar, sobre todo si las situaciones posibles no estuviesen debidamente constatadas y referidas.

- El cuarto momento que consideraremos, será el de la cuarta generación. Más allá de este período, sobreviven muy pocas empresas, y aquellas que sobreviven suelen ya tener perfectamente gestionada su pervivencia, casi siempre expresada en la vitalidad que supone el crecimiento y la expansión. Son las menos, pero las que suelen quedar, por un mero proceso de selección «natural» son fuertes y mantienen ya relaciones muy clarificadas y estables.

La pervivencia dependiente de los momentos sostenidos en la temporalidad de la propiedad y la gestión va disminuyendo conforme van pasando las generaciones, orientándose ya a la mera supervivencia.

Podríamos decir, según los estudios realizados por las asociaciones de empresas familiares que, en términos generales, el paso de la primera a la segunda generación permite solo la supervivencia de la mitad de este tipo de organizaciones, de la segunda a la tercera sobreviven menos del 10% y de la tercera a la cuarta el porcentaje de continuidad se estima en menos de un 5%[12]. Vistos los resultados, determinar los riesgos posibles inherentes a la sucesión como garantía de continuidad se vuelve más que una exigencia; se convierte, así, en una obligación.

Como se suele decir, si en ocasiones, ya planificando los resultados no son totalmente los esperados, hacer este tipo de intervenciones sin planificación nos abocamos al fracaso. Por ello, planificar la sucesión para garantizar el mantenimiento de la organización en el tiempo que asegure la pervivencia, se vuelve absolutamente imprescindible. Es la única forma de poder garantizar la eliminación de los riesgos inherentes al proceso, y, sobre todo, sus innecesarias consecuencias.

---

12   «*El poder regenerador de la Empresa Familiar. La transmisión de los valores de la empresa a las nuevas generaciones*», Informe Empresa Familiar 2022, julio 2022. Estudio realizado por KMPG en colaboración con el Global Consortium for Family Enterpresing y el Instituto de Empresa Familiar de España. Para datos más concretos referidos al conjunto de países Latinoamericanos pueden consultarse el ILAEF, Instituto Latinoamericano de la Empresa Familiar (https://ilaef.org/).

1. Tipos de riesgos posibles

Los tipos de riesgos a los que hay que hacer frente a la hora de abordar un proceso de sucesión, garantía de la pervivencia y la continuidad empresariales, son, fundamentalmente, de tres tipos: Organizativos, Económicos y Reputacionales. Los tres se encuentran entrelazados y manifiestan una cadencia sucesiva, es decir, son correlativos, aunque entreverados, en el tiempo. Y así:

- *Riesgo organizativo*: Es aquel riesgo referente generado a partir de las expectativas creadas y que afecta al resultado final del proceso, pudiéndose con ello frustrar o no inquietudes internas. Todos los miembros de la organización están interesados, en mayor o menor medida, en su continuidad, sobre todo quienes tienen a la organización como un referente. Fallar en un proceso tan crucial, supone incorporar un mayor nivel de inquietud, abriéndose, por ello, espacios de incertidumbre.

- *Riesgo económico*: Siendo este tipo de riesgo el derivado de los recursos empleados y de su valoración. En línea con lo descrito al respecto del riesgo anterior, el organizativo, el económico también se puede ajustar lo más posible si este se realiza de manera planificada y contando con el apoyo de asesores externos especializados. Incluso, aplicando una norma o estándar correspondiente, se puede producir un menor impacto. Resolverlo indebidamente o emplear demasiados recursos en ello, por defecto o por exceso, conlleva un deterioro no solo del proceso, sino que también afecta a los implicados, suponiendo con ello una elevada repercusión en la generación de costes indebidos por una mala o inexistente resolución.

- *Riesgo reputacional*: Hemos de considerar que una mala ejecución puede conllevar un deterioro de la imagen tanto de la compañía como de los promotores del proceso. En este tipo de desarrollos, atendiendo a su legitimidad, no existen segundas oportunidades. Es decir, la organización debe aprovechar la ocasión para demostrar capacidad de gestión y de maniobra, habiendo detectado con anterioridad la necesidad, abordando con criterios organizativos su desarrollo y previendo los resultados positivos (e, incluso, negativos) de todo lo realizado. Es necesario para ello, como elemento crucial de apoyo, controlar debidamente los tiempos, no dilatando la toma de la decisión sobre el momento de abordar el cambio, evitando demorar el tiempo de resolución, y, finalmente, notificando los resultados para rebajar así el nivel de preocupación o tensión en la organización, la cual se deriva del temor a problemas futuros que puedan afectar a su normal evolución futura, sobre todo, la pérdida del puesto de trabajo.

2. La gestión de la incertidumbre

Una herramienta adecuada para la debida gestión de los riesgos propios de un proceso organizado de sucesión en una organización lo supone, en primer lugar, su detección.

Una vez que se considera necesario abordarlo, en gran medida, si resultase posible, apoyándose en especialistas en este tipo de proyectos, se vuelve necesario diseñar un Mapa de Riesgos, propio de los procesos de gestión basados en criterios e incluso estándares de Calidad.

El Mapa de Riesgos, es aquella herramienta con la cual, la organización deberá considerar los riesgos inherentes a un proceso de pervivencia y sucesión, tratando por ello, con su elaboración, de:

- Determinar los riesgos asociados, para elaborar con ellos el debido Mapa de Riesgos del proceso.

- Prevenir, reducir o eliminar los efectos indeseados, incluyendo la posibilidad de que el proceso no se lleva a término, conllevando con ello no solo una pérdida de recursos, mayor o menor, sino también considerándose el daño reputacional posible de haber iniciado un procedimiento y no haber sabido llevarlo a su finalización.

- Hacer explícitos los inconvenientes que se pudieran producir, algunos de los cuales seguramente irán más allá del propio proceso sucesorio, afectando a otras cuestiones de importancia como son la elaboración de los perfiles sucesorios posibles o la detección de los impactos externos que acontecimientos relevantes en la organización pudieran repercutir en los *stakeholders* (denominación estándar que se aplica a todas aquellas entidades o colectivos, incluso personas con las que la organización mantiene algún tipo de relación) externos.

El Mapa de Riesgos permite a la organización identificar los riesgos asociados al programa de pervivencia y sucesión, así como desarrollar medidas para prevenir, reducir o eliminar los efectos indeseados que puedan surgir durante el proceso de sucesión, lo cual incluye:

- Acciones de prevención para asegurar la continuidad del proceso y evitar la pérdida de recursos.

- Estrategias de mitigación para minimizar el impacto de un proceso incompleto o mal ejecutado.

- Salvaguardas para proteger la reputación organizativa, considerando los efectos internos y externos de la ejecución del proceso.

- Dotar a la organización de un bagaje de información que puede ser utilizado con posterioridad como estrategia de mejora organizativa.

LECCIÓN APRENDIDA

Cuanto más se puedan reducir las inquietudes y la incertidumbre en un proceso de continuidad y sucesión, mayor será el apoyo que se pueda lograr, tanto en el desarrollo del proceso como en el siguiente paso en la pervivencia de la organización.

3. Formatos de ejercicio del control

El diseño de un proceso adecuado se concibe no solo para reducir la incertidumbre, dada la complejidad organizativa a la que ya hemos aludido en reiteradas ocasiones. Sirve también para ajustar los niveles de impacto que pudieran tener el azar y la casualidad.

Ese azar, así como la suerte y la causalidad también son factores que juegan su papel en la vida. Ni que decir tiene que también tienen su sitio en la pervivencia organizativa. En definitiva, hay que asumir que no todo es controlable y que, en el marco de las relaciones familiares, cargadas estas de cuestiones afectivas, la objetividad no suele ser moneda de uso común.

Aspectos como la consideración de la importancia trascendental que pudiera tener la opinión del fundador como un determinante sobre el resultado, las expectativas de cada posible sucesor, haya sido nominado o no, el tiempo empleado en el proceso, que, si se considera que se estuviese dilatando en exceso provoca inquietud y posibles acciones inadecuadas o la mera casualidad (una conversación escuchada en un lugar determinado sin afán de informar sino de influir), son elementos puntuales que pueden impactar negativamente, dañando un proyecto bien concebido incluso cuando este haya sido planificado debidamente y con detalle.

En definitiva, insistimos en que, como todo en la vida, como en la vida misma, no estamos exentos de la influencia de lo contingente, de la aparición inesperada de situaciones no previstas, de aquello que no esperábamos que ocurriese, pero ocurrió. Por ello, y para reducir el impacto de lo no esperado, de la suerte, mala o buena, en definitiva, y entendemos que, sobre todo, de la mala suerte que es la que afecta negativamente, ofrecemos cinco sencillos recursos a poner en marcha:

1. Saber que los riesgos existen, y que hay que gestionarlos, sobre todo, no exponiéndose innecesariamente dejándolo todo bien al azar o bien a la experiencia basada en la buena voluntad o los meros sentimientos. La buena voluntad existe, sí, pero no siempre.

2. Medir las propias posibilidades, lo que conlleva considerar que parte del proceso será el adelantarse a los posibles daños poniéndose en manos de especialistas en este tipo de trabajos, así como estando alerta a través de personas comandadas específicamente para ello.

3. Saber aprovechar las oportunidades, dado que, así como pueden producirse contingencias que afecten negativamente, también podrían acontecer circunstancias que favorecieran los intereses de la organización para concluir la sucesión. Pongamos un ejemplo concreto: La unanimidad sobre el candidato idóneo favorece y mucho todo el desarrollo.

4. No fiarse de la ya mencionada buena voluntad o de la consideración de que todos los miembros de la familia pudieran estar alineados con la necesidad de la sucesión; el primero a tener bien en cuenta, como no, sería el sucedido.

5. Ejercitar la paciencia, puesto que se van a abrir muchos frentes: familiar, empresarial, relacional, comportamental, ... En definitiva, poner en marcha procedimientos sucesorios conlleva remover internamente a los involucrados, quienes tendrán su propia vivencia, la cual pasará por fases diferentes. Hay que tener siempre en cuenta que todo lo que afecta al comportamiento humano, conlleva reacciones humanas. No somos ángeles ni demonios, somos personas y como tales, reaccionamos, con nuestras luces y nuestras sombras.

Una consideración de gran importancia a tener en cuenta: Todo lo que afecte a la gestión de los riesgos y las incertidumbres debe estar presidido por la discreción y la confidencialidad. Como tal, la indiscreción y la información inadecuada también son riesgos a considerar. Entendemos que las filtraciones, sobre todo en las empresas familiares, son prácticamente imposibles de evitar, sobre todo para aquellos quienes se encuentran cercanos a la información que se vaya obteniendo. Por ello, a los participantes directos en todo el proceso, se les deberá hacer firmar un Acuerdo de Confidencialidad que garantice que no filtren las informaciones, en particular con respecto a candidatos y decisión final. En ese aspecto, la organización tiene que ser especialmente cuidadosa y vigilante, debido a que lo que se pondrá en marcha tiene muchas implicaciones y derivadas.

Las empresas familiares no dejan de ser más, ni menos, que familias que tiene intereses económicos comunes, pero también que mantienen tipos de relaciones donde entran en juego los sentimientos, las emociones y las opiniones, lo que hace que la subjetividad pueda primar sobre los criterios objetivos. Por ello, consideramos que el mayor riesgo que puede impactar en un proceso como el que estamos analizando con detalle, sea la consideración de que no existen riesgos porque de alguna manera «las cuestiones de familia quedan en la familia» y que, con ello, con la buena voluntad y el afecto natural que se profesen los familiares, se pueden evitar estas contingencias. La experiencia nos dicta que nada hay más alejado de la realidad, y que estas manifestaciones de cordialidad y entendimiento de base, si, como no, naturales y entendibles, pero que son nacidas de la mera afectividad no son suficientes para lograr un adecuado entendimiento; en muchas ocasiones son más impedimentos que favorecedores, dado que son volubles y cambiantes.

4. Detección de posibles conflictos

Aspecto clave en todo el proceso lo supone la detección de las situaciones conflictivas que pudieran aparecer durante el proceso sucesorio. De este modo, las dos más habituales son las siguientes:

- Resulta obligado considerar que los conflictos suelen afectar, en mayor medida, a las relaciones entre los miembros destacados que trabajan en la empresa, y no tanto entre los miembros con una inexistente vinculación laboral, pero que sí la tienen como propiedad. También de los más habituales suelen ser los generacionales, de una generación a otra (tal es el caso de los que puedan surgir entre la primera y la segunda y de la segunda con la tercera). A partir de la tercera o la empresa ya se extinguió o los procesos de decisión entre las generaciones ya se encuentran regulados. A destacar, por último, los intergeneracionales, que son aquellos que se produzcan dentro de cada generación. Y tal es el caso entre los fundadores si existe entre ellos un vínculo matrimonial o los que se originen entre hermanos, cuñados o primos, sobre todo si la familia es extensa. De este modo, la relación entre los vínculos familiares y los profesionales y empresariales, son las dos dimensiones que es necesario conciliar. En definitiva, la empresa familiar está condicionada por las características de la familia que la conforma. Una familia que practica una relación armoniosa y una cultura basada en el respeto mutuo, lo hace dentro y fuera de la empresa. En cambio, una familia que en su intimidad y convivencia solo desarrolla conflictos, discusiones, así como relaciones distantes, también actuarán de ese modo en la empresa y en sus relaciones profesionales.

- Existen varios rasgos de comportamiento colectivo que evidencian situaciones conflictivas, bien larvadas o bien explícitas, siendo necesario detectarlas para su resolución lo antes posible, al objeto de evitar comportamientos indebidos que dañen el normal desarrollo de la empresa. Los más comunes son los siguientes:

◊ Escaso o nulo respeto por las personas de mayor edad que hayan contribuido a la creación y construcción de la empresa.

◊ Relaciones personales y profesionales presididas por la tensión y la distancia.

◊ Existencia de situaciones de tirantez manifiesta y ataques personales o profesionales evidentes.

◊ Falta de sentido de la pertenencia, sobre todo con la empresa, no sólo con la familia, cuando se considera que dañar al «oponente» compensa afectivamente, a pesar de suponer un perjuicio importante para la compañía.

◊ Maledicencias, opiniones críticas involucrando y afectando a personas concretas, presiones para la consecución de objetivos personales, en definitiva, todo aquello que, conscientemente, suponga un aumento de las relaciones de carácter negativo y que impacten en el normal desempeño tanto profesional como empresarial.

4

¿CÓMO ABORDAR UN PROCESO DE SUCESIÓN ORGANIZADO? LA RAYUELA DE LA SUCESIÓN

Hasta el presente punto 4, hemos tratado tanto el QUÉ, así como el CUÁNDO de la sucesión, agrupados los conceptos para propiciar el diseño de una herramienta general para abordar la continuidad organizativa cuando existe vocación de permanencia y las circunstancias exigen e, incluso, obligan a un cambio de liderazgo. Momento es ya de abordar el CÓMO de dicha sucesión.

Para ello, vamos a echar mano de una imagen gráfica como es la de la Rayuela, ese juego conocido y muy popular en todo el mundo que consiste en un dibujo geométrico pintado en el suelo y que, mediante una piedra o similar, los jugadores completan hasta el final los diversos pasos que componen la figura. Ocho son dichos pasos los que hay que realizar, tratando de empujar con una pierna asentada en el suelo, sobre el dibujo, y otra orientada hacia atrás, la piedra que se utiliza para pasar por las casillas. Como veremos, en los pasos 3 y 4 por un lado y en los pasos 6 y 7 por otro, los jugadores harán uso de los dos pies para asentar su posibilidad de llegar al paso 8, y así completar el juego. Lo ganará quien logre completar el recorrido en su dimensión de los ochos espacios, de ida y de vuelta, sin cometer fallo alguno y arrastrando debidamente y con habilidad la piedra.

Y así, como en la Rayuela, como en el juego, los pasos primeros son de avance y los que precisan una doble pisada, suponen la reafirmación y el asentamiento, hasta llegar al resultado final, que es el esperado: garantizar la sucesión para el correcto desarrollo orgánico de la organización con un horizonte claro de futuro.

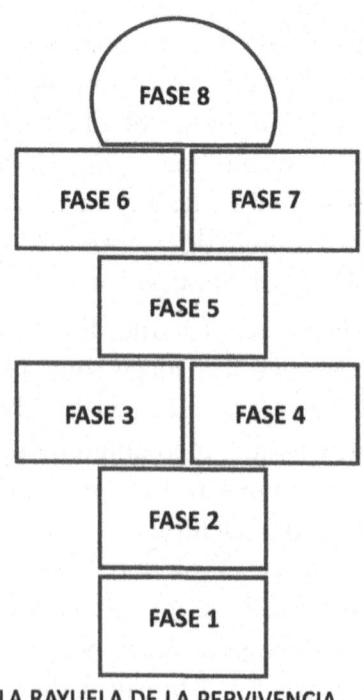

LA RAYUELA DE LA PERVIVENCIA

Vamos a detallar cada una de las Fases desde el primero de los pasos hasta, transitando por los siguientes seis, llegar al ansiado destino de una sucesión encauzada, finalizando en el paso 8.

1. Paso 1. Detectar la necesidad de abordar un proceso de sucesión y continuidad con criterio de pervivencia

Desde un principio y para que el proceso tenga las máximas garantías de éxito, es necesario determinar cuál es el horizonte de llegada antes de contemplar la posibilidad de poner en funcionamiento un conjunto de actividades orientadas a la pervivencia organizativa mediante un procedimiento sucesorio. Es conveniente cerciorarse de que existe la necesidad, sobre todo atendiendo a la posibilidad de cambio del sucedido. En el caso de las empresas familiares, puede producirse la situación de que haya una parte de la familia que así lo considere, pero otra parte puede oponerse, sobre todo si la propuesta se haya gestado desde la parte de la persona a suceder. De este modo, todas las organizaciones presentan grados de complejidad en dependencia de una gran cantidad de factores. En el caso específico de una sucesión provocada por una desaparición abrupta de la máxima cabeza rectora, el proceso será más rápido que si la continuidad no está sujeta a urgencias; en ese caso mencionado, los miembros de la familia suelen estar de acuerdo en abrir el proceso, debido a que, como tal, de no ponerlo en marcha, se pueda hacer peligrar la empresa misma.

Pero la situación más común a la hora de aplicar un proceso sucesorio, es aquel que se considera obligado cuando acontecen juntas dos cuestiones que favorecen la idoneidad: siendo la primera *la idoneidad organizativa*, que estará en función del grado de implicación mostrado por los posibles involucrados, habiendo visto la necesidad de abrir esa posibilidad; y, siendo la segunda, *la idoneidad temporal*, es decir, la consideración sobre el momento y el tiempo disponible para culminar el proceso de aplicación de una concepción organizada para garantizar la continuidad, ambas derivadas del acuerdo base de querer concebirlo, desarrollarlo e implantarlo.

2. Paso 2. Evaluar la situación concreta de la sucesión

Una vez comprobada la confluencia de estas dos idoneidades, ocasión organizativa y tiempo adecuado y disponible, resulta de todo punto conveniente elaborar un informe evaluativo sobre la situación actual aplicable a la sucesión. Dicho informe, al ser evaluativo, se tomará como referencia para las recomendaciones, desembocando en una recomendación a la jerarquía de la organización sobre la posibilidad de realizar un proceso sucesivo pautado y organizativo que tenga como resultado final la determinación no solo de la idoneidad sino también debiendo reflejar quiénes serán los afectados y el grado de afectación que implicará para cada uno de ellos. La identificación de los procesos críticos que puedan aparecer durante la implantación del proceso resulta fundamental al objeto de garantizar que el programa previsto se pudiera llevar a cabo.

En definitiva, este es el paso previo a la organización documentada de todo lo que se vaya a poner en marcha. Por lo tanto, resulta necesario plasmar por escrito los alcances a conseguir, tanto por documentar el proceso en sí, como para favorecer la exposición y el aprendizaje obtenido a los órganos de administración de la empresa, sobre todo si esta es familiar, Asamblea o Junta y Consejo Familiares ambos. Después, ya se hará operativo todo el resto, pero, antes del comienzo, es necesario presentar un Plan de Desarrollo de la iniciativa.

3. Pasos 3 y 4. Establecer una estrategia de Pervivencia y Continuidad. Elaboración de los soportes documentales necesarios

Los pasos 3 y 4, en paralelo, son, como ya hemos indicado, de asentamiento y consolidación, esos que podemos denominar con «ambos pies en la tierra» del proceso. Para ello, se deberán de aplicar dos pasos conectados y que afianzan el proyecto, todo ello necesario para tomar el siguiente impulso:

- **Paso 3. Establecer una estrategia de Pervivencia y Continuidad.** Desde un principio, se convierte en necesario contar con la preceptiva estrategia para la implantación y el logro de los resultados esperados.

La estrategia deberá estar bien definida y explicitada en formato redactado, puesto que será parte de la documentación final que configurará el Plan de Continuidad denominado «*Plan para la Pervivencia y la Sucesión Organizativa*», que se elaborará para su puesta en funcionamiento en el período temporal inmediatamente posterior a la configuración del proceso previo de sucesión, explicitado en los puntos 1 y 2.

- **Paso 4. Elaboración de los soportes documentales necesarios.** También desde el mismo momento de la decisión de abordar el proceso sucesorio, será imprescindible no solo documentarlo, sino también utilizar formatos diseñados previamente para que sirvan como soportes redactados tanto de los acuerdos que se establezcan como de la manera de plasmar los resultados que se consignan.

Los soportes más utilizados con los siguientes:

- *El Pacto entre los Responsables Jerárquicos* (llamado Pacto de Socios en el caso de las empresas familiares), escrito donde se plasman de manera formal y formalizada las condiciones de base para la puesta en marcha de un proceso que avale el resultado de la sucesión, concebido y diseñado para garantizar tanto la pervivencia como la continuidad, necesitándose por ello el consenso de los responsables jerárquicos, así como su compromiso explícito. Dejar por escrito la obligación común de no interferir en el proceso supone una fórmula de generar la máxima responsabilidad en los implicados. Y, además, está escrito y firmado, con lo que se vuelve una exigencia.

- *El Protocolo de Sucesión*, siendo esta la primera evidencia escrita que hay que elaborar, una vez comenzado el proceso, dado que es el documento en el que plasman los términos generales que van a permitir el gobierno de la organización, sobre todo en el caso de una empresa familiar. En primer lugar, expresa lo referente a la validación y la idoneidad de poner en marcha los procedimientos necesarios, ratificándose así mismo, de manera clara, la necesidad de ponerlos en marcha. En segundo lugar, se esbozan los elementos que se van a considerar para culminar el proceso.

Y así, dicho documento contendrá:

◊ El establecimiento de los objetivos y los procedimientos necesarios para conseguir el resultado final establecido desde el inicio: garantizar la pervivencia y la continuidad de la organización o de la empresa (en particular, la familiar).

◊ La descripción de los pasos a seguir.

◊ Enuncia también el modo de verificar y controlar las fases que se establezcan, haciendo para ello el seguimiento de las acciones que se vayan a resolver. Ello será cometido de un Equipo de Continuidad, nombrado al efecto y encargado de velar por la obtención del resultado pre determinado.

- *El Protocolo Familiar*, documento al que aludiremos en este apartado de manera sucinta, así como con poco detalle, pero al que, dada su importancia, se le dedicará un Anexo al finalizar este capítulo 4. Dicho Protocolo es la herramienta imprescindible que garantiza, de manera redactada, que se van a cumplir los preceptos establecidos para garantizar la pervivencia; es lo que podríamos denominar como una clara y explícita Garantía de Pervivencia. Ello resulta absolutamente imprescindible, en el caso de las empresas familiares, sobre todo si el posible sucesor (o sucesora, por supuesto) como continuador pasa por que se haga cargo de ella un miembro de la familia, tenga o no experiencia este como profesional en el seno de la empresa familiar.

- *El Mapa de Riesgos,* documento ya citado que completa las herramientas anteriormente tratadas, cuya función es la de minimizar las distorsiones que se pudieran producir gracias a la detección de los riesgos, tales como los ya citados como los organizativos, los económicos y los reputacionales, en los que pudiera incurrir la organización, y que ya han sido tratados en detalle con anterioridad.

4. Paso 5. Desarrollo y Gestión del proceso. Gestión de los Acuerdos

Después del asentamiento del proceso en sus Fases de Diseño y Organización, toca ponerlo definitivamente en marcha. Estudiado y analizado todo con el máximo detalle posible, momento es ya de su aplicación. Y todo se logrará y hará realidad siguiendo dos momentos conectados:

- **Desarrollo y Gestión del proceso** gracias a la puesta en marcha de un Programa Planificado de Pervivencia y Sucesión Organizativa, donde el formato de relación sea el ejercicio de actitudes y comportamientos propios tanto de la negociación como de la colaboración. Por ello, deberá primar el objetivo ineludible de garantizar la pervivencia de la organización, así como, en el caso de las empresas familiares, los intereses tanto económicos como relacionales de la familia. Todo ello por encima de desavenencias y posturas encontradas que pudiera llevar al proceso a un callejón sin salida.

- **La Gestión de los Acuerdos** resulta ser un elemento innato a todo el proceso. Desde el inicio y basándose en la negociación y la búsqueda de acuerdos en formato colaborativo, las actitudes de fuerza o de imposición no deben de tener cabida. Para lograrlo, nada como explicitar documentalmente cualquier acuerdo al que se llegue, siendo firmados para que se sienta la obligación moral e incluso legal de cumplir con lo acordado.

5. Pasos 6 y 7. Ratificación de Acuerdos y Elaboración del Plan de Continuidad.

Segundo momento procesal para el asentamiento, pasos 6 y 7 conectados. También, como en el anterior, concurren dos aspectos, y estos son:

- **Paso 6. Ratificación de Acuerdos**, correspondiendo a la elaboración y gestión concreta de todo aquello de lo que tendrá que salir un consenso para su desarrollo. Para ello, será necesario establecer una serie de reuniones con objetivos concretos a consensuar en cada una de ellas. Dichas reuniones se programarán con anterioridad y tendrán siempre para su consecución tanto Orden del Día como la resolución de las actas correspondientes. La ratificación será realizada tanto por los órganos de gestión como por los de dirección

  Los tres Acuerdos fundamentales, que tendrán que pasar por algunos de los órganos de gobernanza de la organización, máxime si esta es una empresa de carácter familiar, son el Pacto de Responsables Jerárquicos, el Protocolo de Sucesión y el Protocolo Familiar.

- **Paso 7.** Una vez consensuados y ratificados los pertinentes Acuerdos, se procedería a **la realización del Programa de Planificación de la Pervivencia y la Sucesión Organizativa**, plasmado en el correspondiente documento denominado «*Plan para la*

Pervivencia y Sucesión Organizativa». Dicho Plan consistirá en:

◊ Un documento escrito conteniendo los procesos y procedimientos concebidos para llevarlos a cabo e implantarlos durante la puesta en marcha del *Programa para la Pervivencia y la Sucesión.*

◊ Se podrán utilizar para ello herramientas diseñadas con anterioridad, siendo recomendable el uso de mecanismos de tipo tecnológico para la recogida de la información y su uso en la elaboración del Plan.

◊ Se contará con un Equipo de Continuidad, previamente constituido y nominado al efecto, que se encargará de la realización del Programa, así como de su llegada a término.

◊ El documento contendrá, desde el punto de vista más operativo, lo siguiente:

▸ La sistemática de elección de los posibles candidatos/as.

▸ El tipo de pruebas que se pueden llevar a cabo para afianzar lo más objetivamente posible la selección.

▸ El modo de establecer las relaciones tanto con los candidatos/as como con aquellos intervinientes con responsabilidad dentro de la organización, tanto los directos (por ejemplo, propietarios/as o directivos/as, en especial los sustituibles, el equipo de dirección, etc.) como indirectos (por ejemplo, el departamento de Recursos Humanos o responsables concretos relacionados con los candidatos).

▸ Si la localización de candidatos exige la colaboración externa de empresas de selección o de un Head Hunter, deberán también figurar sus referencias, así como las razones de la elección. Para poder hacer su trabajo con las máximas garantías posibles, debieran firmar un pacto de confidencialidad.

▸ El documento contendrá también el Mapa de Riesgos correspondiente.

• El Plan contará, así mismo, con una temporalización aplicada al Programa que se vaya a desarrollar.

6. Paso 8. La Meta Final. Cierre del proceso, ratificación e información a los implicados

Una vez que se haya concluido todo lo diseñado y expuesto anteriormente, es necesario poner en marcha un Plan de Comunicación e Información, cuyo destino son todos los implicados, internos y externos a la organización. Si es posible, dicho Plan de Comunicación debiera contar con otro tipo de Plan, esto es, uno dedicado a los Medios de Difusión, denominado Plan de Medios que es el conjunto de herramientas de comunicación que se van a utilizar para dar información a todos los afectados.

La información a trasladar sobre el proceso de sucesión para abordar la continuidad deberá contar con el mencionado *Plan de Comunicación*, y que este afecte, como mínimo, a dos colectivos con los que mantiene relación de carácter genérico, siendo estos los siguientes:

- Un primer colectivo lo suponen los implicados de manera directa, esto es, tanto los participantes en el proceso, como quienes pertenezcan al grupo que componen el Equipo de Continuidad y, como también, la persona o personas sujetos de ser sucedidos.

- Un segundo colectivo lo suponen, al menos, los profesionales y trabajadores de la entidad en dónde se esté aplicando el proceso de sucesión y continuidad, aquellas entidades externas que se considera que pudieran estar interesadas; y, finalmente, determinar si fuese necesario utilizar medios de comunicación masivos, dada la trascendencia de lo sucedido. Todo ello, queda a la consideración tanto del Equipo de Continuidad como de la jerarquía implicada.

Por otro lado, también queda a la potestad de cada institución hacer algún comunicado externo para un posible tercer colectivo que son los *stakeholders* relacionados con la organización afectada por la continuidad: proveedores, clientes, entidades públicas, etc. Suele ser, en el caso de existir, el equipo de comunicación o personas concretas del Equipo de Continuidad quienes se puedan encargar de realizar esa función, tanto en los formatos habituales como en relación a los de tipo comunicados concretos o la información puntual a trasladar a medios de comunicación, tanto a los físicos como a los virtuales. Todo ello está también en dependencia de la dimensión y recursos disponibles de cada organización, siendo especialmente relevante en el caso de las empresas familiares, sobre todo si estas son pequeñas y medianas empresas (MIPYMES o PYMES).

Todas las Fases propuestas deberán estar debidamente documentadas, lo que supone llevar un control a través de la emisión de documentos que reflejen lo realizado, a poder ser, en un soporte tecnológico, debido a que ofrece la posibilidad de un acceso más inmediato que pueda garantizar el control sobre el proceso mismo e, incluso, certificarlo. Esto es particularmente importante en el caso de las organizaciones o empresas con certificaciones de calidad y aquellas que tengan ya un Consejo perfectamente profesionalizado.

ANEXO: El Protocolo Familiar, garantía de Pervivencia

¿Qué es un Protocolo Familiar y para qué sirve? El Protocolo Familiar es un documento que refleja los elementos constitutivos de la estrategia que una familia sigue y va a seguir con respecto a los designios futuros de la empresa. Se concreta en un documento que se acabará convirtiendo en el marco jurídico privativo de relaciones entre los socios, los profesionales que dirijan la compañía y los integrantes de la familia o familias propietarias[13].

---

13   En términos más técnicos jurídicamente, un Protocolo Familiar es «*un conjunto de principios orientados a desarrollar el amor de los miembros de la familiar por el proyecto empresarial común, y un conjunto de reglas destinadas a desarrollar la confianza de unos en otros y en la forma*

Sirve para conjugar las voluntades y los criterios de los familiares en una familia empresarial con respecto a su gobierno y gestión presente y futura.

VALORES Y PRINCIPIOS A TENER PRESENTE EN EL PROTOCOLO FAMILIAR

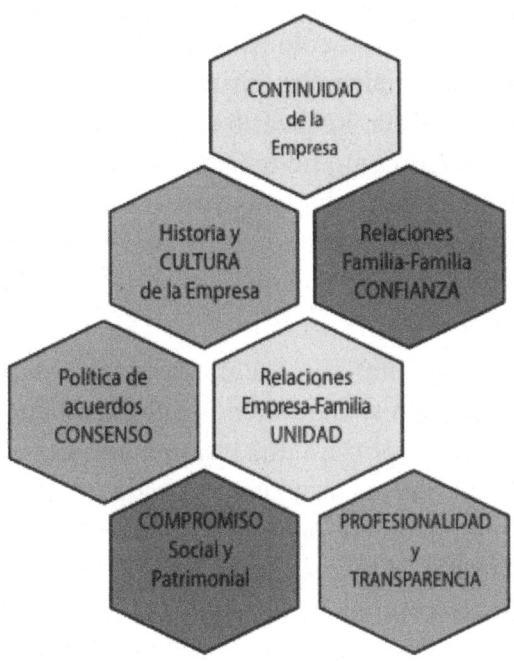

¿Cuándo y cómo se hace? Aunque el Protocolo Familiar debiera existir desde el momento en el que la primera generación ve que existan posibilidades de incrementar con familiares los puestos de decisión de una empresa familiar, en realidad, se suele poner en marcha cuando se da

en que se está gobernando y dirigiendo la empresa familiar», en AA. VV., «*El Protocolo Familiar. Consejos prácticos para su elaboración*», AEDAF Sección de Empresa Familiar, Madrid, 2020, p. 25.

la transición de la primera a la segunda generación, y, casi siempre, por razones de urgencia.

Como elemento conjugador de los aspectos relacionales propios de las familias, los intereses particulares de los miembros y los aspectos económicos, financieros y fiscales que concurran, el Protocolo Familiar debería ser realizado por asesores especializados, dirigidos por miembros destacados de la familia. Realizarlo con medios propios suele hacer que el documento no tenga la contundencia y la claridad debidas, además de poder incurrirse en inconsistencias jurídicas, frente a lo que pueda elaborar un equipo de profesionales con conocimientos, experiencia y competencia para realizarlo.

Si se decide contar con un apoyo en profesionales expertos, la situación se hará menos intensa en cuanto a los sentimientos y se aportará una visión más objetiva, alejada de querellas y trifulcas propias provocadas por las distintas posturas que pueden adoptarse desde las distintas facciones de la familia. Hay que decir también que el Protocolo Familiar deberá cumplir con requisitos legales que deben aparecer en el documento y que, para ello, se precisa el apoyo en juristas que conozcan bien el proceso, así como el resultado a lograr.

El Protocolo Familiar lo deberán conocer todos los miembros de la familia, estén implicados o no en la gestión directa de la empresa. Será un documento vivo, que deberá ir adaptándose a las distintas fases por las que pasen tanto la empresa como la familia en sus relaciones empresariales.

¿Qué contiene un Protocolo Familiar? Uno de los aspectos más destacados y reseñable que deberá aparecer en el Protocolo Familiar es lo correspondiente a la incorporación de los miembros de la familia a las funciones profesionales dentro de la empresa. Y, para ello, resultará imprescindible determinar criterios objetivos que se aplicarán de manera ejemplar. Otras cuestiones importantes a destacar y que debieran explicitarse para evitar males mayores en el documento son las siguientes:

- De existir, valores familiares y empresariales destacados; es necesario plasmarlos.
- La remuneración de los miembros de la familia empresaria.
- Política de reparto de beneficios y otras seguridades económicas.
- La Formación necesaria y la evaluación que precisarían los miembros de los órganos de gobernanza de la empresa.
- Todo lo referente a la participación societaria: acciones, participaciones, enajenaciones, etc.
- El formato de salida más idóneo para los miembros de la familiar empresaria.
- El trabajo que aporten, de producirse, los familiares políticos en la empresa.
- La permanencia y abandono de los órganos de administración y gestión.

- Formatos de acuerdos y de decisiones que se deberán tomar. Modo de afrontar y resolver los posibles conflictos.

- Legados, testamentos y transmisiones *inter vivos* o *mortis causa.*

- Pactos sucesorios y traslado de cargos y representación.

- Derechos y obligaciones individuales de los socios/as.

Podemos considerar que, el Protocolo Familiar, sobre todo en el caso del paso de una primera generación a la segunda, siendo prácticamente obligado de la segunda a la tercera, se convierte en el primer estadio de la profesionalización de la empresa, si esta no se hubiese producido antes. Marcará, así, el futuro profesional de la organización, estableciendo las pautas por las que se regirá.

Así mismo, el establecimiento de estas normas referentes tanto a la incorporación, al desarrollo de las relaciones, las fórmulas de tratar los desacuerdos y todos los aspectos ya citados, pretenden también limitar el uso de los criterios personales y subjetivos que pudieran generar distorsiones injustificadas, así como alteraciones en el decurso normal de las operaciones económicas de la empresa. Sin duda, por lo tanto, es el paso decisivo encaminado hacia la profesionalización, como ya se ha indicado.

Una cuestión también relevante, es que el Protocolo Familiar, atendiendo a los miembros más jóvenes de la familia que deseen involucrarse en la gestión del proyecto familiar, incluso yendo más allá de la propia empresa, puede también contemplar mecanismos, actividades y foros donde se puedan integrar en dicho proyecto familiar de manera concreta, tales como: encuentros programados con los miembros de la familia que hagan labores de gestión, hacer prácticas en la empresa propia, tutorizaciones y mentorías en períodos concretos o, incluso, a través de instituciones como las agrupaciones y organizaciones de empresas familiares, tomar contacto con otra empresas también de carácter familiar o hacer intercambios para favorecer el aprendizaje en una empresa ajena, entre otras diversas posibilidades.

En definitiva, el Protocolo Familiar supone mucho más que el mero elemento documental donde se plasme el articulado de una cierta «constitución» que rige el actuar dentro y fuera de la empresa familiar. También puede encaminar cuestiones como:

- El papel que las diferentes generaciones tendrán a la hora de transmitir lo positivo de cada una de las que conforman la empresa, tratando de evitar la proliferación de comportamientos y hábitos organizativos negativos.

- Generar ilusión por el proyecto familiar, tratando de no imponerla por el mero hecho de ser miembro familiar.

- Formar a las nuevas generaciones en los valores propios de la empresa familiar y en su fomento; también sirve para tratar, de alguna manera, las obligaciones.

- Abrir posibilidades de desarrollo, sobre todo con el fomento del emprendimiento como apoyo a las actividades tradicionales de la empresa.

- Establecer ámbitos de comunicación y relación.

- Identificar a los actores clave del futuro.

- Favorecer la evitación de falsas expectativas, así como generar un clima de seguridad para aportar mejoras en el proyecto familiar que sean asumidas y asimiladas por los miembros de la familia.

5

NORMAS Y CERTIFICACIONES QUE SE APLICAN PARA LA PERVIVENCIA

Dos son las referencias para la sistematización de los procesos de sucesión en organizaciones, la ISO 22301:2019 y el Estándar tipo 6 de Certificación en «*Pervivencia y Sucesión Organizativa*» concebida por la empresa certificadora internacional COMPECER.

1. La ISO 22301: 2019. Una solución para situaciones de urgencia y emergencia

Existe un estándar (en realidad, una familia denominada ISO 22300)[14] que trata lo referente a la continuidad, aunque en situaciones muy específicas que detallaremos más adelante: la ISO 22301, versión 2019. Dicha ISO, responde

---

14   El origen de la Norma ISO 22300 se remonta al Comité Técnico ISO/TC 23. En la actualidad, la Norma es gestionada por ISO/TC 292 — Seguridad y Resiliencia. La primera edición data de 2012 y la segunda del año 2019.

a la denominación «*De Seguridad y Resiliencia — Continuidad del negocio sistema de gestión — para la continuidad del negocio (BCMS)*[15]. Pero el nombre que le asignaron resulta ser un tanto ambiguo. Y ello se debe a que, en realidad, la Norma atiende a la continuidad en situaciones de crisis o de verdadero peligro para la permanencia de los negocios debido a interrupciones de gravedad. En concreto, el alcance de la Norma establece que en el documento se especifican «*los requisitos para planificar, establecer, implementar, operar, monitorear, revisar, mantener y mejorar continuamente un sistema de gestión para proteger contra, reducir la probabilidad de ocurrencia, prepararse, responder y recuperarse de interrupciones cuando surjan.*»

Por lo tanto, la continuidad del negocio se va a ver condicionada por un suceso extraordinario, de tal magnitud que puede comprometer el futuro de manera muy seria a la organización. La Norma ISO 22301 se aplicaría a cualquier tipo de organización, con independencia de su tamaño. Además de crear las condiciones de la continuidad, se pretende, con los procedimientos expresados en el documento, «*buscar mejorar su resiliencia a través de la aplicación efectiva del BCMS*». Por supuesto, la aplicación documental de la Norma se rige por el modelo PDCA, «*Planificar-Hacer-Verificar-Actuar*».

Como objetivos principales, las prioridades de un Plan de Continuidad del Negocio en situaciones derivadas de

---

15   ISO/IEC 22301:2019. Norma Internacional ISO «*Seguridad y Resiliencia — Continuidad del negocio sistema de gestión — Requisitos*», Publicado en Suiza, 2019.

incidentes de seguridad con una calificación gradual de urgencia, son cinco:

- Mantener la confianza en la empresa.
- Lograr las conexiones con los principales clientes y proveedores.
- Proteger el medioambiente.
- Reanudar las operaciones lo antes posible.
- Y evitar las pérdidas humanas y minimizar las pérdidas materiales.

El sistema de continuidad del negocio ante un incidente disruptivo expresado en la Norma contempla: el Plan de Continuidad del Negocio (que dé respuesta a la interrupción), Análisis del impacto del negocio y, entre otras cuestiones, las Competencias necesarias para la resolución. El referencial de conceptos fundamentales se sostiene sobre una consabida «*Gestión de Riesgos*», y, por lo tanto, principia con la elaboración de una herramienta estándar como es el Mapa de Riesgos. También resultan de utilidad los Análisis del Impacto del Negocio, además de todos los elementos de aplicación propios de cualquier Norma.

La variedad de situaciones complejas con impacto negativo que, de manera inopinada, pudieran afectar a una organización van desde una situación de crisis del negocio, hasta los ciberataques, especialmente dañinos, las pandemias locales o globales (sobre todo, a partir de lo sucedido con la pandemia provocada por el COVID19) o un desastre natural de efectos devastadores, entre muchos otros posibles. Y ello puede afectar, y de hecho afecta, a empresas y organizaciones de todas las dimensiones y con un diferente y amplio empaque económico y organizativo.

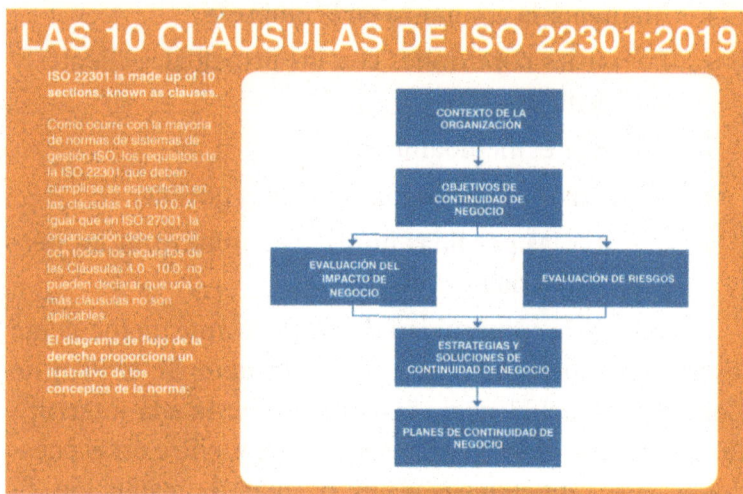

En resumen, la Norma genera no sólo procedimientos de detección y posible resolución ante eventos negativos de carácter sorpresivo, sino también cierto «sosiego organizativo», una reputación más asentada en la capacidad de reacción y de resolución y una resiliencia corporativa que afianza las relaciones con los *stakeholders*.

La Norma está, así, pensada para ayudar a las organizaciones a gestionar eficazmente el choque que supone una interrupción en su funcionamiento no calculada o necesariamente asumida con insuficiencia de información, comprendiendo por ello la magnitud y el tipo de alteración que se haya producido no sólo para paliarla, sino también para su resolución e, incluso, favorecer dinámicas para una posible prevención posterior.

De esta manera, los principios clave de la continuidad del negocio son cinco: Responsabilidad, Objetivos Claros, Impacto y Evaluación de los Riesgos, Comunicación y Prueba; así mismo, 10 son las cláusulas de la ISO 22301:2019.

Se exigirá, por todo ello, al menos la puesta en marcha de tres tipos de planes esenciales, y estos son: En primer lugar, el Plan de Continuidad del Negocio en general (PCN), así como el Plan de Continuidad TIC o Plan de Contingencia (PCT), dada la radical importancia que tienen las nuevas tecnologías en la actualidad, sin las que ya es imposible un funcionamiento adecuado de cualquier organización, máxime si es de sectores económicos esenciales; y, en segundo lugar, el Plan de Recuperación ante Desastres (PRD), enfocado a un ámbito más técnico, reactivo ante cualquier tipo de desastre acontecido. Estos tres planes han de estar conectados y resultan inclusivos, es decir, ser sucesivos, consecuenciales y complementarios.

En definitiva, la Norma, que exige una específica «mentalidad de riesgos», se aplica en casos de excepcionalidad, y, particularmente, en situaciones de crisis, no contemplando contingencias habituales en momentos de continuidad debidos a las «circunstancias naturales» propias de la evolución del negocio[16]. Como veremos en el siguiente punto, para sucesiones que denominamos «naturales», no sujetas a cambios no deseos de carácter drástico y radical,

---

16   Puede consultarse en el documento «*ISO 22301:2019. Guía de implantación de la continuidad del negocio*», NQA. NQA-ISO-22301-Guia-de-implantacion.pdf

se precisaba un Estándar específico, cuestión que aborda el elaborado por la empresa mexicana COMPECER de rango internacional.

2. El Estándar de Certificación de COMPE-CER 'Pervivencia y Sucesión Organizativa'. Una solución para lograr el 'Sosiego Organizativo' certificado

El interés por la continuidad de las organizaciones ha estado siempre presente desde los orígenes mismos de la actividad empresarial, tal y como ya hemos reflejado; no obstante, en el contexto actual, marcado por entornos altamente competitivos, cambios acelerados y una creciente complejidad organizativa, la continuidad ha dejado de ser únicamente una preocupación estratégica para convertirse en un riesgo estructural que puede y debe ser gestionado de manera sistemática.

Bebiendo de fuentes conceptuales similares a las que inspiran la citada Norma ISO 22301:2019, el Esquema de Certificación Tipo 6 «Pervivencia y Sucesión Organizativa» concebida y diseñada por COMPECER, empresa internacional de certificaciones, desarrollado conforme a la metodología de la Norma ISO/IEC 17067:2013[17], atiende a un dimensión específica de la Continuidad Empresarial: contempla la sucesión que podemos denominar como «natural», es decir, aquella

---

17   Puede consultarse el Estándar en el enlace:
https://pervivencia.com/certificación/

que se produce necesariamente en cualquier organización por razones de aquello que bien podríamos nominar como «biología organizativa», esto es, el mero paso del tiempo. En definitiva, el relevo inevitable de fundadores, propietarios o directivos y personas claves de organizaciones y empresas.

El estándar denominado «*Pervivencia y Sucesión organizativa*» se concibe para ir más allá de la mera supervivencia empresarial, pretendiéndose un alcance mayor, no tan enfocado a situaciones derivadas de momentos de crisis y alteración significativa de una organización, sobre todo en el caso de las empresariales. A diferencia de la Norma ISO 22301:2019, denominada «*Sistemas de Gestión de la Continuidad del Negocio (SGCN)*», dedicada a «*proporcionar un marco de buenas prácticas para ayudar a las organizaciones a gestionar eficazmente el impacto de una interrupción en su funcionamiento*», la propuesta del estándar sobre «pervivencia y sucesión organizativa» atiende a la continuidad de la organización en situaciones de sucesión y permanencia «naturales», es decir, no debidas a acontecimientos disruptivos, trágicos o de carácter imprevisto o violento, siendo por ello obligado afrontar la mera supervivencia empresarial; en definitiva, que atiende al afianzamiento a través de la pervivencia.

Asimismo, COMPECER como entidad acreditadora opera su actividad de certificación conforme a los requisitos de la Norma ISO/IEC 17065:2012, Evaluación de la Conformidad — Requisitos para organismos que certifican productos, procesos y servicios, lo que garantiza la competencia técnica, imparcial y consistencia del proceso de evaluación.

Tal y como ya se refirió, el estándar de «*Pervivencia y Sucesión Organizativa*» está diseñado para ayudar a las organizaciones en general y en particular a las empresariales a gestionar eficazmente el impacto que supone la continuidad empresarial debida a situaciones de normalidad organizativa, propias de su desarrollo evolutivo que hemos denominado, gráficamente, como «natural» para la continuidad, en concreto las derivadas de los procesos de sucesión como consecuencia normal de su evolución temporal. En definitiva, una mera cuestión de tiempo evolutivo de la compañía, dado que nada es eterno. Pero es necesario mantener vigente y con visión de futuro que la empresa siga ordenada y mantenga criterios funcionales propios de su actividad.

En definitiva, lo que certifica es la capacidad instalada de la organización para anticipar, planificar, gestionar y controlar su propio proceso sucesorio de manera estructurada, coherente y verificable.

Este enfoque convierte al esquema de certificación en un mecanismo de garantía organizativa, capaz de aportar certeza frente a riesgos tales como la dependencia excesiva de una persona, la improvisación sucesoria, los conflictos intergeneracionales, la pérdida de conocimiento crítico y de la información fundamental o la ruptura de la operación de continuidad.

En línea con lo anteriormente expresado, la pervivencia de las organizaciones en situaciones de actividad estandarizada por parte de los órganos rectores de las compañías puede afectar a distintos momentos evolutivos de las organizaciones tales como:

1. La ausencia de una sucesión, pensada o no, pero intuida como necesaria, que se puede denominar como «natural» por parte del propietario o propietarios (dependiendo de la dimensión de la organización) y que demanda la búsqueda de un/a sucesor/a o de un equipo que garantice el futuro.

2. A los procesos de compra/venta que exigen el mantenimiento de la relación con la propiedad primigenia para poder llegar a realizar la operación en las mejores condiciones posibles.

3. También a las situaciones de cambio de manos de la propiedad de la empresa u organización derivados de procesos naturales de crecimiento, tales como la transformación de un modelo de tipo *start up* a una empresa consolidada, la adquisición de una empresa en un proceso de crecimiento, la configuración de una *joint venture* o la incapacidad para mantener la gestión de la empresa por falta de cualidades y capacidades profesionales para su desarrollo por parte del actual equipo de gestión.

4. Y es también aplicable a las necesarias garantías que suelen demandarse por parte de los intermediarios en los procesos de compra/venta para afianzar las operaciones, tales como los Fondos de Inversión, las *Familiy office* o las entidades bancarias y de inversión.

Contar con un estándar que garantice una transmisión normativizada, permitiría dar un cuerpo más robusto, así como afianzar las operaciones de sucesión, lo que facilitará consolidar el legado empresarial, así como mantener su operatividad. Una sucesión planificada y organizada siempre supone una garantía de continuidad normalizada, sin duda alguna.

Debido a sus propias características, realizar una labor de organización racional y razonable de la sucesión empresarial interesa especialmente a:

1. Empresas denominadas MIPYMES o PYMES con un fundador afectado por una edad ya avanzada con interés manifiesto en la continuidad de la empresa más allá de su propia pervivencia personal.

2. Negocios con entidad suficiente como para ser motivo de mantenimiento temporal a futuro, garantizándose con ello su pervivencia, con el consiguiente efecto benéfico en el conjunto de la sociedad por la continuidad de los servicios que se presten.

3. Empresas familiares con vocación de pervivencia futura en las mejores condiciones posibles, garantizándose así una sucesión sin implicaciones negativas futuras.

4. Empresas y organizaciones que dan pasos adelante en la normatividad de sus Sistemas de Gestión y que pretendan mostrar de manera fehaciente una vocación de futuro consolidada.

5. Grupos empresariales diversificados o no, compuestos por establecimientos independientes pero conectados con servicios comunes centralizados.

6. Todos aquellos empresarios o profesionales de la gestión que consideren parte de su responsabilidad, de sus obligaciones ineludibles, dejar un legado organizado para garantizar la continuidad y el mantenimiento de lo logrado a lo largo de su vida profesional, caracterizado por una gran dedicación a la empresa, organización o entidad. De este modo, la aplicación del estándar no deja de ser, lo que no es cosa menor, una garantía para la pervivencia, tanto del legado personal como del empresarial a las generaciones futuras.

7. Un proceso de este tipo también permite regularizar las situaciones poco claras en la empresa/negocio, evitándose con ello hacer traslados futuros inadecuados a los implicados que pudieran sostenerse en posibles inconsistencias en la gestión que provoquen problemas posteriores a los sujetos de sucesión, en particular si estos son miembros de la familia. Podemos considerar que este es su aspecto de carácter preventivo, y que evita males posteriores.

8. Para la administración pública, contar con un proceso pautado de sucesión certificado permitirá afian-

zar la labor empresarial y social de aquellas empresas o aquellos negocios que se adscriban a la aplicación del estándar, siendo incluso posible arbitrar ayudas para este tipo de actividades, dada la repercusión positiva que supone para dichas administraciones el mantenimiento de las empresas y los negocios ya consolidados. Cualquier administración pública del rango que fuese estaría interesada en la garantía de continuidad, no solo a efectos sociales y de oferta de productos y servicios, sino también a efectos fiscales y recaudatorios.

El Esquema de Certificación Tipo 6 «Pervivencia y Sucesión Organizativa» de COMPECER establece tanto los elementos a determinar en la necesidad de aplicar el hecho de cumplir con los requisitos para la obtención de un Certificado en «Pervivencia y Sucesión Organizativa», es decir, tanto sus dimensiones propias como los impactos que tendría dentro y fuera de la organización en la que se aplique. Establece, así mismo, 7 etapas que parten de la consideración sobre la necesidad de aplicar el Estándar hasta el Plan de Comunicación sobre lo realizado, Plan que contaría, por supuesto, con la determinación de los públicos objetivo, así como el Plan de medios necesario para su consecución.

A su vez, el Estándar detalla también las herramientas necesarias para ponerla en marcha (Protocolo de Sucesión, Pacto entre los responsables jerárquicos, Protocolo Familiar y el debido Mapa de Riesgos entre otros), así como los procedimientos de implantación del Certificado correspondiente en «*Pervivencia y Sucesión Organizativa*» basada en un normal y necesario tránsito de manos en la gestión organizativa y empresarial que se lleve a cabo para que dicho tránsito se realice de manera sencilla a la par que rigurosa, adaptada y con el debido control externo ajeno totalmente a la empresa. Ello supone una garantía objetiva de supervisión y ratificación de todo el proceso sucesorio. El resultado final es un certificado que expedido por la entidad acreditada correspondiente COMPECER, se convierte en el garante tangible y verificable de una prolongación sana de las actividades de la organización o empresa, una continuidad regida por criterios conocidos, solventes y contrastados.

En definitiva, el Esquema de Certificación Tipo 6 «*Pervivencia y Sucesión Organizativa*» transforma la debida sucesión de un acontecimiento incierto como supone afrontar el inevitable futuro de la organización en un proceso estructurado, verificable y, finalmente, certificable. Y de este modo, el certificado emitido se convierte así en garante de una continuidad organizativa sana, sustentada en criterios conocidos, sólidos y contrastados, convirtiendo al sosiego organizativo necesario para consolidar ganar el provenir pasando de una mera aspiración a una condición asumida y demostrable.

6

LA RESPONSABILIDAD POR LA CONTINUIDAD. IMPLICACIONES INTERNAS Y EXTERNAS

En relación a la construcción del modelo de continuidad propio de una organización, en especial para empresas de corte familiar, aparece desde hace relativamente poco tiempo un factor social que condiciona y que implica tener en cuenta dicha circunstancia, que no es otra que la aparición de nuevas estructuras familiares como son las familias monoparentales, las del mismo sexo, las separaciones y divorcios condicionantes de la estructura societaria, las familias recompuestas o reconstituidas o las emancipaciones tempranas. Lo cierto es que la familia es posiblemente la institución del Derecho civil que mayores y profundos cambios ha experimentado en el transcurso del tiempo. El modelo de familia nuclear compuesta por dos cónyuges, varón y hembra, con descendencia directa y unidad de acción bajo la mano del *«pater familias»* ya no es el único formato válido y aceptado socialmente. Y el valor social que se da a las relaciones familiares o cualquier otro tipo ha cambiado sustancialmente en los últimos tiempos.

Además de ello, el mero sentido común nos dicta que hay en el proceso sucesorio más actores secundarios que condicionan las decisiones de los principales, el sucedido y el sucesor, y que implican de manera directa a un Equipo de Sucesión. Además de ello, cuentan y mucho los miembros de la familia con derechos sobre la empresa, actuales y futuros, trabajen o no en ella.

Otros de esos actores, en un formato más clásico y habitual de familia empresaria, son los cónyuges, sobre todo la del fundador, que, además ejerce, en la primera generación, como madre (en el mencionado formato clásico todavía vigente). Esta suele tener, todavía un gran ascendiente sobre las siguientes generaciones, incluso en su faceta de inoculadora de los valores familiares y empresariales. También suele tener un papel en los procesos de entendimiento y conciliación necesarios cuando surgen contenciosos y conflictos entre los miembros de la familia. Por todo ello, habitualmente tiene su propio peso específico y, además, reconocido, sea este frontal o lateral, en la consideración de los posibles sucesores al frente de la empresa.

1. Implicar a las siguientes generaciones. Vivir la empresa y los valores que conlleva

Los valores que han conducido al éxito a numerosas empresas familiares nacen del compromiso y dedicación de sus creadores, siempre orientados al mercado y a la fidelización del cliente a la vez que a mostrar un apoyo explícito a su crecimiento con la reinversión continua de los beneficios. Una combinación de inteligencia, austeridad y el liderazgo natural ante sus empleados ha generado las condiciones de base de las que nacieron importantes empresas con el impulso de sus fundadores; esto va mucho más allá de lo que supone el mero negocio; va de relación con personas y entre personas, de relaciones humanas con hondura y trascendencia.

Los cambios necesarios para favorecer procesos de sucesión actúan como mecanismos de prevención de las situaciones de crisis; iniciativas para regular las relaciones entre los miembros de la familia —potenciales accionistas como herederos— y la empresa, así como la creación de órganos de gobierno capaces de profesionalizar la gestión, son los pilares que fundamentan la búsqueda de la máxima profesionalidad, convirtiéndose en los primeros pasos en ese cambio.

Existe, sin duda alguna, una «cultura propia de las empresas familiares» que se refleja en la sucesión y en los mecanismos arbitrados para lograr la continuidad. Este modelo relacional, conlleva aspectos tanto socio-afectivos como relacionales, e, incluso, identitarios. Estas culturas familiares suponen un cierto modo de «percibir el mundo relacional», de entender y de reaccionar, convirtiéndose en modelo de comportamiento que se trasladan inter generacionalmente y que se integran entre las sucesivas generaciones, volviéndose un estilo común de comportamiento.

Podríamos decir que, antropológicamente, las identidades propias de cada cultura familiar se forjan desde el inicio, desde la primera generación; tanto en lo positivo como en lo negativo. La experiencia nos dicta que muchos de los problemas que aparecen en la segunda e incluso la tercera generación, tienen su origen en la falta de conocimiento e, incluso, en los intereses particulares, que genera la primera de las generaciones.

Existe, por lo tanto, la traslación de una herencia cultural sostenida en valores, tanto empresariales como comportamentales y relacionales, que van impregnando, de manera indeleble, a los miembros de la empresa familiar. Conforme los negocios van ampliándose y creciendo, la necesidad de profesionalización se va haciendo cada vez más obligada, y los valores propios deberán presidir las acciones económicas y de gestión de la empresa, convirtiéndose ya casi en meros hábitos asumidos casi de manera automática. Los hábitos buenos los denominamos virtudes o valores y los hábitos malos se denominan vicios o defectos. De todo hay.

Y, de este modo, en el devenir de las sucesivas generaciones, el paso de la primera a la segunda, en relación a la consolidación de una cultura empresarial propia, se caracteriza por decidirse a organizar de otra manera las relaciones. De este modo, las lógicas relaciones de interés económico existentes en toda empresa familiar obligan a las familias empresarias a tener permanentemente activo un proyecto productivo que sea motivador tanto para el presente como para el futuro de la familia.

Este reto, una vez más, hay que decir que, en paralelo, implica afrontar el desafío de la profesionalización por parte de sus miembros familiares en sus diferentes roles de relación con su empresa (accionistas, consejeros, directivos, etc.).

Resumiendo, éstos son, pues, en la situación concreta de las familias empresarias sus tres grandes valores diferenciadores: el deseo de unidad y continuidad intergeneracional; la familia empresaria como marco de interrelaciones entre diversas culturas familiares y protagonista de una importante cohesión entre ellas; y el objetivo existente como propuesta de crear y mantener, a lo largo de las distintas generaciones, un proyecto socioeconómico motivador para todos ellos y una mejora permanente de sus relaciones sociolaborales. Todo ello, además, no pudiendo olvidarse, con el obligado reto de lograr el legítimo beneficio económico correspondiente.

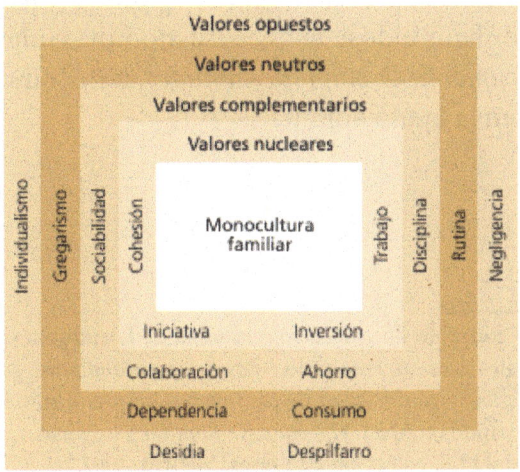

Además de todo lo expuesto, los miembros de empresas familiares con afán de continuidad deberán desarrollar habilidades de carácter psicosocial para enraizar y transmitir los valores familiares, así como de arraigo y cohesión por parte de los miembros de la misma. Valores habituales entre ellas son el gusto por el trabajo, el interés por el desarrollo de la empresa, la cohesión familiar para preservar el patrimonio familiar o el interés por fomentar la iniciativa de los posibles emprendedores internos. Para que este espíritu propio mantenga siempre una fortaleza asumida, eventos familiares, la confraternización con personas de la empresa o el interés por preservar los valores propios entre los miembros de las siguientes generaciones a través del refuerzo, son elementos que apoyan y ayudan a la consideración de tener una historia pasada común y un futuro todavía mayor en un obligado formato basado en la colaboración. Incluso esta interacción se llega a desarrollar no solo con los consanguíneos, sino también con las nuevas incorporaciones de origen familiar político y no consanguíneo, configurándose lo que se denomina como «el mosaico relacional de la empresa familiar», tal y como aparece reflejado en la figura adjunta[18].

---

18   El concepto de «mosaico relacional de la empresa familiar» de debe a Nogales Lozano, Fernando, «*Las culturas familiares: gestión clave para la cohesión y continuidad de las familias empresarias*», en Nogales Lozano, Fernando (coord.), «*La empresa familiar y los nuevos retos de gestión*», editorial EOI, colección empresas, Madrid, 2007.

2. Etapas en la propiedad de la empresa familiar: los momentos sucesorios.

Habitualmente, se consideran tres posibles momentos sucesorios o Etapas de la Sucesión:

- *Primer Momento Sucesorio*: Traslado de la capacidad de maniobra y de gestión por parte de la persona o personas fundadoras. Afecta a la relación entre la primera generación con la segunda generación. Consideramos que es el momento crítico de la continuidad, tanto por lo que implica en su momento, como por lo que va a condicionar el resto de momentos sucesorios. Su preparación concienzuda resultará vital, en su momento presente y con posterioridad

- *Segundo Momento Sucesorio*: La sucesión hacia la descendencia más inmediata, que suelen ser los hijos del o de los fundadores. A este período se le suele llamar el de la «asociación propiedad sucesoria de los hermanos». Implica a la segunda generación, y supone la incorporación de las relaciones entre los propietarios a los que se les haya legado la propiedad por parte de la primera generación. En esta, el entendimiento será mayor o menor en función de lo ocurrido en el Primer Momento Sucesorio y como se haya organizado y enfocada la orientación sobre las cuestiones fundamentales.

- *Tercer Momento Sucesorio*: El tercer momento suele extenderse a los miembros de la tercera generación y se denomina «la confederación de primos». De este modo, la extensión familiar se agranda y resulta vital haber creado una cultura de defensa y cuidado de la empresa, así como haber profesionalizado la dirección y la gestión.

El paso a la cuarta generación, como ya se aludió, se produce si la empresa sigue existiendo. Los conflictos previos, de no haberse abordado debidamente, provocan una gran debilidad organizativa, que suele conllevar incluso el abandono, tanto parcial como total, de la familia con relación a la empresa. Si esta no se hubiese vendido o sufrido una gran pérdida incluso irreparable llegando incluso a su desaparición, la dirección y la gestión se habrán tenido que profesionalizar totalmente, con lo que la continuidad queda así bien garantizada. Aunque no suele ser lo más habitual, sí resulta ser lo recomendable.

3. Elementos a considerar en el paso de la segunda a la tercera generación

En el tránsito hacia el tercero de los momentos en la sucesión, cuando ya parece que todo se encuentra encarrilado, podría encallar si no se tienen en cuenta tres factores muy importantes.

Y esos tres son los aspectos clave en la transición de la segunda a la tercera: en primer lugar, el arreglo de las situaciones de desajuste producidas en la transición de la primera a la segunda; en segundo lugar, la consideración de la empresa como un bien común a preservar; y la tercera aplica a la necesaria preparación ante una posible dilución del capital. Tener en cuenta estos tres aspectos que denominamos clave por su importancia y trascendencia, permite una orientación mucho más adecuada del proceso sucesorio entre las siguientes generaciones. Además de ello, resulta muy habitual el aumento de capital y de patrimonio de los miembros de la familia, lo que suele generar sentimientos difíciles de gestionar, pero que son consustanciales a la mejora de la empresa, siempre y cuando esta ocurra, por supuesto. La profesionalización de la dirección y la gestión, en este proceso de trasvase, se vuelve absolutamente imprescindible, siendo el elemento vital para la pervivencia.

4. Las dificultades en la continuidad. Las figuras que pueden ayudar

En todo proceso sucesorio suelen darse dificultades que, en el caso de las empresas familiares, se convierten en lugares comunes, pero no ello menos trascedentes. Indicamos varios de los más habituales, tal es el caso de:

1. La resistencia e incluso oposición, velada o evidente, por parte del fundador, «remoloneando» a la hora de pasar el testigo. En ocasiones, dicha resistencia no se muestra de una manera clara y nítida, actuando para ello de manera soterrada y con maniobras fomentadas a través de terceros. Suele darse mucho en la utilización interesada por parte de la máxima representación de la empresa, mediante maniobras

partidistas e interesadas ante el Comité de Dirección y en su seno.

2. Las características propias de los candidatos, lo que hace referencia a que puede no haber un candidato (a) que, de verdad, pudiera resultar nominado y elegido para la función sucesoria. Una fórmula muy habitual suele ser la búsqueda de una figura externa (tal y como se pondrá de manifiesto más adelante). La experiencia nos dicta que no suele ser la mejor opción debido a que, de no contar con todo el respaldo y potestad para obrar, se acabará convirtiendo en una solución fallida, e incluso inadecuada, provocado por una cierta cantidad de problemas que conlleva. Aún así, esta opción es necesario tenerla en cuenta, e, incluso, de no haber candidato interno, proceder a ponerla en marcha.

3. Cualquier tipo de distorsión que se pudiera producir tanto antes como durante el proceso, sobre todo si esta proviene del interior de las distintas ramas familiares, en particular debido a la existencia de candidaturas encontradas u opuestas, fruto, casi siempre, y larvadas a partir de enfrentamientos familiares previos.

4. Discrepancias, en particular, sobre la gestión económica y financiera de la compañía, que pudieran, incluso, dar lugar a indagaciones de cierta profundidad, llegando, en ocasiones, a plantearse la realización de alguna auditoría que permitiese conocer la realidad de la organización. De estos procesos siempre alguien sale mal parado, bien por acción,

omisión, desconfianza o por clara detección de prácticas fraudulentas y nocivas para los patrimonios económico y familiar. Insistimos, una vez más, en que puede haber cuestiones no consideradas de antemano y que acaben influyendo, condicionándose con ello el futuro de una manera decisiva.

Todo lo relatado viene a poner de manifiesto, incluso a demostrar, que los procesos sucesorios no son idílicos, ni mucho menos, y que, como todo aquello que toca de manera directa al ser humano, se vuelve complejo, contando siempre con sus luces y sus sombras, dado que intermedian sentimientos, comportamientos interesados, presunciones, prejuicios, historias personales, y un largo etcétera de aspectos netamente humanos. Pero comprensibles, siendo obligado su encauce y posible resolución.

Y así, para lubricar y favorecer lo mejor posible el proceso de la sucesión, dos son las figuras facilitadoras para conseguir los resultados deseados de todo tipo atribuibles a las empresas, sobre todo a las familiares: los consejeros profesionales y los mediadores. Ambas dos figuras van a ser tratadas en este apartado.

Los consejeros profesionales: Las empresas familiares se enfrentan a problemas propios que otro tipo de organizaciones o entidades evitan con su organización interna misma. Los tránsitos por los que pasan las empresas familiares suelen comenzar gracias a la iniciativa de un primer líder que se acabará convirtiendo en fundador, siendo los administradores únicos al inicio. Esos primeros años suelen ser duros y difíciles, donde la gestión férrea resulta una necesidad obligada dada la escasa cuantía de recursos, de todo tipo, de los que se dispone. Por ello, este emprendedor con éxito futuro, suele dedicarse más a la acción que a la reflexión, llevando muy de la mano los gastos más importantes de la empresa, así como una cierta planificación financiera que tiene como función evitar la mayor cantidad de tensiones de tesorería y caja posibles, así como evitar una innecesaria utilización de recursos económicos que dañe los flujos de dinero necesarios para el mantenimiento y continuidad de la empresa.

Responder con el patrimonio personal y apoyarse en garantías de respaldo único, suelen ser unas de las soluciones más habituales y socorridas, apalancando en muchas ocasiones la obtención de recursos financieros en la propia capacidad de reacción, dado que, habitualmente, se suele disponer de un exiguo equipo de leales. Es lo que podemos denominar como «la soledad del responsable único».

Conforme avanza el desarrollo de la empresa, convirtiéndose así en un proyecto que implica a la familia al completo, van apareciendo necesidades de crecimiento que van a ser solventadas por los propios recursos humanos familiares o los procedentes de las relaciones personales y de amistad. Pero llega un momento en el que lo que se encuentra cercano a la propia mano del fundador no resulta suficiente: hay que acudir a los posibles sucesores, guardándose siempre un punto de desconfianza ante la falta de experiencias similares a las suyas, sobre todo las basadas en la intensidad del trabajo y de las relaciones generadas desde el inicio, lo que obliga a tratar de profesionalizar la gestión, en particular, la ajena, sin modificar sustancialmente la propia.

Para ello, el fundador se suele acompañar de personas de su máxima confianza. No podemos esconder que existe también una motivación de seguir controlando a través de terceros la evolución de la compañía, su cierta «guardia pretoriana» personal que cuide del patrimonio futuro. Además de configurar un Comité de Dirección a su medida, se suele también acudir a constituir un Consejo Asesor para la Dirección, compuesto por consejeros propios y algunos ajenos, pero todos ellos de carácter profesional. Para dar apoyo a las decisiones directivas, la moderna concepción de dicho apoyo a esa toma de decisiones y a favorecer procesos de sucesión y continuidad, dicta que los Consejos Asesores suelen reforzarse con consejeros independientes.

La contribución de los consejeros independientes, insertos ya en el denominado como Buen Gobierno Corporativo, se ha convertido en una práctica común, muy indicada para la labor de preparación con tiempo de los procesos de sucesión organizativa. El desempeño de los consejeros no deberá estar únicamente teñido de profesionalidad y conocimiento de su cometido, sino también de honestidad, integridad y confidencialidad. La independencia supone no solo la oportunidad de oír otras voces por parte del propietario o el fundador de la empresa, sino que tiene también que estar presidida por la existencia de derechos, pero también de deberes propios de la figura de un consejero independiente.

Esta figura del consejero independiente en la empresa familiar tiene su mayor utilidad en las coyunturas de cambio, con procesos de desarrollo y con carácter preventivo de la problemática que suscita el deseo de supervivencia, de éxito, de consolidación patrimonial, por parte de todos los accionistas. Implica un reconocimiento de los propios accionistas sobre su importancia y la conveniencia de compartir la complejidad creciente de las decisiones empresariales con un mayor protagonismo colegiado en relación con los órganos de gobierno; incluso potenciando el impulso de gestión a través de la creación, desarrollo o perfeccionamiento de dichos órganos.

A los consejeros profesionales, dado su criterio y utilidad, se les suelen encomendar misiones, esto es, cometidos con carácter práctico que habitualmente afectan a aspectos estratégicos, tales como la mejora organizativa, el apoyo a la estrategia comercial, el refuerzo de las relaciones financieras, o, incluso el apoyo en la continuidad con respecto a los posibles sucesores, dada la confianza que, de base, deberán tener con la dirección representada en el Comité de Dirección.

Además de ello, deberán velar por los intereses de los accionistas que no estén representados en el mencionado Comité de Dirección.

En definitiva, un consejero independiente en una empresa familiar cumple misiones que desbordan la representación de minorías o la búsqueda de un equilibrio entre los intereses representados en el consejo de administración, poniendo la integridad personal al servicio del crédito organizativo en la empresa. Es, también, un instrumento de confianza para los accionistas que se ocupan de la gestión y para los que, con menos información y conocimiento, deseen ser moderadores profesionales ante el mero instinto familiar, que suele mostrar tendencia a decidir con impresiones en lugar de hacerlo con datos. Resulta algo absolutamente normal, pero deberá ser debidamente regulado.

Pero, cuando concurren momentos y relaciones soportadas en el enfrentamiento, el conflicto o en la abierta hostilidad, se precisa que intervenga otro tipo de profesional, más orientado a la resolución que al mero análisis o proclive a evitar problemas mayores que afecten a la convivencia en el seno de la empresa familiar. Y esta figura es objeto de análisis en el siguiente apartado.

Los mediadores profesionales: Podemos afirmar, basándonos en la experiencia más directa, que, si ya los problemas en las organizaciones en ocasiones se complican y se convierten en verdaderos conflictos abiertos, en el caso de las empresas de tipo familiar estas situaciones toman tintes de verdadera gravedad, en ocasiones con tonos trágicos netamente propios de este tipo de instituciones.

Cuando ello ocurre y ante la perspectiva de que se provoquen daños de consideración en la organización, es conveniente acudir a mediadores que, conociendo bien su trabajo, puedan servir de «mecánicos de las relaciones», buscando restablecer un clima de entendimiento. En el caso de la tipología de empresa ya mencionada, la familiar, se entremezclan las cuestiones «de familia» y las personales con las específicamente empresariales. Al estar cargadas las relaciones con criterios muy subjetivos, historial de agravios y una memoria de lesiones constantemente presente, acudir a un profesional de la mediación se configura como el camino más adecuado. Aquello de «los trapos sucios se lavan en casa» podría resultar útil si se cumpliese debido a que prevaleciesen el sentido común, la cautela en las informaciones y un leal interés compartido. Pero, en la realidad, esto no suele ser así.

Definiremos la mediación familiar empresarial, aplicada en este caso a las situaciones de discrepancia grave e incluso de conflicto, como aquel proceso, gestionado por un profesional cualificado y neutral, en el que los miembros de la familia afectados por la situación reflejada y no encontrándose fórmula de entendimiento posible, demandan la actuación de un tercero para el logro de algún acuerdo que solucione, o, al menos, encauce, la situación, siempre como alternativa a la vía contenciosa y judicial, más expeditiva, pero, eso sí, mucho más lesiva a presente y a futuro.

La base de la mediación se encuentra en una visión de realismo jurídico, naciendo como reacción a la tajante vía judicial que no suele dejar satisfechas de manera igual a todas las partes implicadas.

Los principios que rigen en un proceso de mediación, en el caso de los contenciosos y los conflictos en las empresas familiares, son los siguientes siete principios básicos de comportamiento:

1. *Principio de no Injerencia*: Por el cual, el mediador deberá restringirse a su papel de mecánico relacional en la procura de un acuerdo satisfactorio para ambas partes. Ni juzga ni valora, simplemente ayuda a lograr el pacto necesario, sin coaccionar, ni

orientar de manera tendenciosa, ni, por supuesto, expresando opiniones o puntos de vista propios y subjetivos sobre personas o comportamientos.

2. *Principio de Voluntariedad.* En el caso de España, acudir a la medición todavía no suele ser obligado antes de incurrir en la vía judicial. Otros países sí obligan a la mediación antes de entrar en contencioso (tal es el caso de Suiza, Noruega, Italia o Estados Unidos de América). En estos países no se admite la demanda de separación contenciosa si previamente no se ha intentado acudir a la mediación para alcanzar un acuerdo regulador de la misma.

3. *Principio de Neutralidad*: El arte de la mediación exige habilidad en su desarrollo; pero también saber usar el acuerdo como un formato favorecedor del entendimiento. Es decir, un proceso de mediación tiene su propia mecánica, y el mediador la tiene que conocer para no incurrir en la generación de suspicacias, las acusaciones de partidismo o el uso de la persuasión o la coacción interesadas.

4. *Principio de Imparcialidad*: Que ahonda en la equidistancia entre las partes. En un proceso de mediación no se trata de saber o descubrir quién tiene la razón. En realidad, suele haber varias razones, porque varias son las historias personales y las perspectivas sobre lo que haya ocurrido o todavía este ocurriendo. El mediador hace su trabajo con la buena voluntad de llegar a un acuerdo satisfactorio para las partes, quienes, además, deberán estar de acuerdo en la limpieza del proceso que se haya seguido.

5. *Principio de Confidencialidad*: Principio este absolutamente esencial, tanto antes, como durante el proceso y, sobre todo, en especial, después de realizada la mediación. Supone la aplicación tanto del secreto profesional como de cláusulas de confidencialidad. Recomendamos, en este punto, tener siempre a mano firmado por las partes interesadas, de un protocolo de relación aplicable al proceso, que cuente, a su vez, con cláusulas éticas.

6. *Principio de Profesionalidad*: Por el cual, el mediador ha de saber demostrar que conoce el proceso y el resultado a obtener. Para ello, es conveniente contar con una pequeña descripción del punto de partida, así como, de un esbozo del punto de llegada de la mediación. No hay unanimidad en cuanto al perfil del mediador en el caso del régimen jurídico español, pero suele ser una persona con los conocimientos necesarios y, sobre todo, con la experiencia debida para afrontar este tipo de intervenciones.

7. *Principio de Realismo*: Este resulta ser, por las características que describiremos, un principio que no suele plasmarse en la literatura sobre la resolución de conflictos en las empresas familiares cuando se usan como herramientas las que proporciona el modelo de la mediación. Corresponde a algo que, en el caso de las disputas familiares se suele favorecer, que es el sesgo interpretativo del mediador. Dicho mediador también tiene familia y, por ello, está obligado a ser realista en su ejecución profesional: no se puede dejar involucrar por el problema en sí ni

por el plantel de sus derivadas. Este realismo estriba en que los seres humanos tenemos luces y sombras, nuestro actuar no es puro, y cuando se tope con el relato de lo que, a juicio de cada uno de los implicados, ocurrió, no puede retrotraerlo a su experiencia personal evitando con ello enjuiciar con criterios subjetivos las situaciones que conozca. La vida, en este caso, la complicada vida de sus interlocutores, es de los miembros de la familia; es suya, de ellos, en definitiva, y no del mediador. Por lo tanto, hay que actuar con realismo ante lo que se vaya a conocer, así como debiera mantener una distancia beneficiosa para ambas partes. Para el mediador, los contendientes tienen que ser como actores representando en un escenario, y el mediador ser un espectador/analista no interviniente.

Como bien señala la normativa sobre la mediación expresada en la jurisprudencia al efecto de las distintas leyes que existen para organizarla, la mediación en sí no pretende lograr la «reconciliación familiar». El mediador no tiene potestad para ello, no se le puede pedir, ni mucho menos exigir, que solucione los problemas familiares y relacionales que estén en la base de los puramente mercantiles o empresariales. Su misión, por lo tanto, no es «arreglar vidas», sino que, con un estilo positivo y con la máxima vocación de ayuda de la que sea capaz, su cometido ha de ser el de orientar con una gestión positiva el encauce de la solución; orienta y ayuda, pero ni condiciona ni determina. En ocasiones y a corto plazo, ni tan siquiera se da una resolución inmediata del conflicto, sino que, en línea con el Principio de Realismo ya expresado, con darle cauce ya comienza a resultar factible llegar a una posible solución; en definitiva, se trata en numerosas ocasiones, de sentar las bases para el entendimiento, dada la habitual complejidad relacional existente.

Y ya en un formato explícito, y como medida preventiva, suele ser conveniente y cada vez más habitual, incorporar un Pacto de Sometimiento a la mediación para enfocar los conflictos, y expresarlo así en el Protocolo Familiar en un apartado explícito. Por si acaso...

5. El Plan de Continuidad. Oteando el futuro

Durante el proceso de elección del sucesor, y con el objetivo de afianzar su posición, será necesario, y ya en paralelo, poner en marcha un Plan de Continuidad. Este plan servirá de acompañamiento y sustento del proceso, afianzándose así su posición como elegido. En este apartado simplemente lo esbozaremos.

PLAN DE CONTINUIDAD. Resultado organizado y documentado, plasmado en un documento del mismo título, en el que se realiza una propuesta, sencilla y sin grandes detalles, sobre lo que se espera lograr tras el proceso de sucesión, una vez que una organización o empresa lo activen para garantizar su continuidad. Afecta a la confirmación de los pasos inmediatos a seguir por parte del sucesor. No es, ni mucho menos, el Plan de Empresa detallado que debiera diseñarse como garantía de futuro por parte del designado como sucesor, pero sí una orientación entendida como un formato general de intervención, diseñado a partir de la información primera que vaya recibiendo.

Para lograrlo, la organización habrá tenido que valorar debidamente los impactos que ha supuesto la puesta en marcha del proceso sucesorio. Detectar estos impactos supone determinar el tiempo y los recursos asignados, así como las posibles ineficiencias que se pudieran haber producido.

A raíz de lo que se vaya obteniendo gracias a la organización sucesoria, es de vital importancia elaborar y hacer acopio de una documentación en primera instancia para que el sucesor tenga una idea clara de la situación de la organización, máxime si esta es de carácter lucrativo, y que se pueda, con celeridad, hacer con las riendas. Para ello, un sencillo chequeo permite revisar la situación actual, para, con la debida diligencia, no arriesgarse a perder oportunidades y poder hacer frente a las contingencias que pudieran derivarse no solo del proceso, sino también de las expectativas que se hubiesen podido crear por ello. El sucesor, una vez que acepte su nuevo cometido, deberá contar, por una mera cuestión de ética organizativa y empresarial interna, con una información fidedigna sobre la situación de la organización para que pueda tomar las primeras decisiones sin el condicionante de la desinformación y el desconocimiento sobre los aspectos más básicos de la organización,

De este modo, es preciso contar con información real y veraz sobre:

- La situación de la estructura de la organización: organigrama, conexiones, dependencias, etc.

- Valoración de los recursos financieros disponibles, así como un somero análisis de la estabilidad económica de la organización.

- Evaluación de cumplimiento, sobre todo en lo referente a las obligaciones fiscales y el impacto que pudieran tener en la evolución económica de la organización.

- Todas aquellas cuestiones que afecten a la situación general de la gobernanza organizativa y también a la situación del cumplimiento normativo y la gestión de los riesgos organizativos.

Es muy recomendable con respecto al Plan de Continuidad que este tenga un horizonte de repercusión de, al menos, dos años, en los cuales se consolide el perfil del sucesor y que este pueda ir dotando a su gestión de los rasgos propios de su saber hacer y actuar personales, en definitiva, que lo que ocurra a partir de su acceso a la máxima responsabilidad jerárquica cuente con que pueda hacer notar e imprimir su propio «sello personal».

Una serie de actuaciones que no pueden olvidarse, son las que afectan al arraigo con el entorno, tanto el interno, con los profesionales de la organización, como con el ámbito externo. Ambos tienen que ver con la Sostenibilidad futura de la entidad, puesto que se convierten en el soporte más inmediato considerado como capital propio: el capital humano y el capital relacional. En ambos dos ámbitos, la relación se basa en la consideración y el incentivo de la confianza, como base de las relaciones.

En el caso concreto de las empresas familiares, estas tienen compromisos muy evidentes con la sociedad, que van más allá del mero cumplimiento legal, ampliándose dicho compromiso a las situaciones futuras posibles, de ahí la importancia de un adecuado diseño y una gestión eficaz del proceso sucesorio.

6. El arraigo en el entorno. La aplicación de las responsabilidades sociales, empresariales y organizativas

Un aspecto ya decisivo en estos tiempos, lo supone lo que denominaremos como «el arraigo en el entorno» propio de las empresas con vocación de permanencia y de continuidad, máxime sin son ya de dimensiones mediana e incluso grandes organizaciones. Su impacto es decisivo, y, por lo tanto, la continuidad se vuelve un tema ya común y compartido, implicando por ello a los que hemos denominado como *stakeholders*, todos aquellos entes con los que se mantienen relaciones.

Y este entorno, complejo y amplio, se ve involucrado en el mantenimiento organizativo, incluso fuera de la dimensión que cada organización tenga. En concreto, además de en cuestiones generales, este entorno puede sentirse intranquilo sobre la continuidad por diversas razones, algunas de las cuales apuntamos:

- La continuidad de la propia empresa, sobre todo si la entidad tiene un arraigo ya antiguo o conlleva una importancia tanto por su dimensión como por su repercusión en el mercado y en la oferta de servicios. Y ello no solo afecta a entidades de la dimensión de empresas como Bayer en Leverkusen, Alemania, McCormick en New Jersey, Estados Unidos, Inditex en Arteixo - A Coruña, España o Cemex en Nuevo León, México, por poner solo algunos ejemplos muy evidentes, sino que también repercute, incluso en el pequeño comercio o a empresas nacidas en lugares determinados que prestan servicios esenciales, dado que, si se clausuran, todo u entorno involucrado notará las consecuencias[19]. De esto pueden dar buena cuenta aquellos territorios afectados por cierres de empresas mineras o energéticas, que acaban siendo territorios despoblados.

- Un impacto trascendental es el que afecta al mantenimiento de los puestos de trabajo, tanto los directos como los indirectos. Hay comarcas que vi-

---

19   Esta cuestión concreta se encuentra reflejada en el estudio realizado por Marta M. Elvira, Brenda Torres y María del Mar Revilla, titulado «*Vínculos profundos: una análisis riguroso sobre las relaciones entre las empresas familiares y sus stakeholders*», Cátedra de Empresa Familiar, IESE Business School, Universidad de Navarra, 2023. Un estudio del Instituto de Empresa Familiar (IEF) de España determina que el 93% de las empresas familiares priorizan el arraigo en el territorio.

ven, en gran medida, de empresas u organizaciones muy concretas, y que su pérdida o traslado supone un grave problema de mantenimiento de los niveles de vida, incluso de los propios asentamientos humanos, dado que los medios de subsistencia desaparecen por completo. Afecta así mismo, incluso, a aquellas empresas que son compradas y que sus núcleos de actividad no responden a los estándares exigidos por los nuevos propietarios.

- El redimensionamiento y crecimiento de cualquier organización tiene un impacto muy importante en el entorno, tanto por crecimiento como por decremento. Si es lo primero, crecer, supone impactos medioambientales y de necesidad de un mayor número de profesionales; si ocurre un decrecimiento, el impacto en los puestos existentes se muestra muy evidente, dado que suelen producirse drásticas reducciones.

- Las organizaciones arraigadas en el territorio tratan de preservar e, incluso, aumentar dicho arraigo. Por ello, suelen desarrollar proyectos en colaboración, actividades en beneficio de la comunidad que pretenden el logro de un bien común incremental. Ponerlo en duda ante cambios en el interior de las organizaciones, sobre todo en el caso de las empresas, máxime si estas son familiares, se vuelve un tema controvertido y que puede generar la intervención de las propias autoridades.

- La repercusión tanto en el Sistema de Valor (en aquellas relaciones establecidas que no impactan como tal directamente en el propio negocio, pero sí que resulta este, de algún modo, afectado) como en la Cadena de Valor (los eslabones de relación generados con proveedores y clientes, estos ya involucrados directamente en el negocio) de un cambio de la representación jerárquica puede resultar, y de hecho, lo es, decisivo para ambos elementos conectados. En la actualidad, con la evolución que ha sufrido ya el concepto de Responsabilidad Social Corporativa (RSC), ampliado al más genérico de la Sostenibilidad (incluyendo esta ya la orientación de la denominada como Ciudadanía Corporativa), se acaba volviendo inevitable que las empresas generen sus propios Mapas de Relación significativa con los *stakeholders*, midiéndose los impactos de manera regular y regularizada.

Vemos, por tanto, que la vigilancia del entorno condicionante de las organizaciones y las empresas se volvió mucho activa y consciente. Cambios de importancia producidos en el devenir de las entidades, cuando estas tienen un asentamiento duradero, alertan al entorno y lo vuelven suspicaz y expectante, exigiéndose, por ello, atender a estas contingencias... Lo volvemos a reiterar, por si acaso.

En definitiva, Es importante la creación de espacios de diálogo con lo circundante para asegurar la sostenibilidad de un negocio a través del conocimiento de los impactos que la empresa tiene y puede llegar a tener. Este conocimiento supone una información de gran importancia para la toma de decisiones de la empresa. Y, en el caso concreto de la sucesión, ser conscientes del impacto que pueda producir un cambio sucesorio, así como medir dicho impacto, permite paliar los efectos nocivos que pudieran producirse, así como resulta ya imprescindible mediante el diseño de políticas para la mejora de la interacción con las entidades concurrentes, impacten estas o no directamente en el negocio o en las actividades de la organización. Hoy en día, ninguna organización o empresa se encuentra, por lo tanto, libre del escrutinio y el juicio del entorno, ninguna.

CASO CONCRETO: El reparto accionarial al 50%

Un caso muy especial en la sucesión, que conlleva un tratamiento específico, ocurre cuando la propiedad está repartida a partes iguales y acaba confluyendo en un claro 50 – 50, o bien la suma de las coaliciones internas acaba en porcentajes igualitarios. La situación se vuelve, entonces, especialmente complicada, dado que puede llevar a la compañía a un momento de verdadera ingobernabilidad. Esta circunstancia afecta de lleno a la continuidad y, por supuesto, a la posibilidad de dejar un legado organizativo y empresarial sano y sostenible.

Las divisiones accionariales a partes iguales, sean la mitad o sumen la mitad, generan momentos de manifiesta dificultad para la toma de decisiones, incluso pudieran llevar a la propia parálisis organizativa y empresarial. Por ello, es conveniente haber tomado con anterioridad prevenciones en el reparto, bien que no sea este en porcentajes rotundos, por ejemplo, 51% – 49% o bien incorporando una figura de consenso que tenga, con derechos o sin ellos, un porcentaje que permita decantar la decisión final, no quedando así la empresa en situación de indecisión. Hay ocasiones en las que, una confianza plena al comienzo de una relación mercantil que se pretende igualitaria, aboca a situaciones posteriores de difícil manejo. Y esta contingencia se vuelve todavía mucho más complicada cuando la situación de continuidad pasa de la segunda a la tercera generación.

Otra fórmula de evitar las igualdades, nada beneficiosas para la gobernabilidad, consiste en otorgar más capacidad y poder accionarial a quienes trabajen en la compañía, dado que son los que, en realidad, se encuentran aportando en el día a día para su continuidad. Forzar la unidad familiar a través de la plena igualdad, puede ser el deseo del fundador, pero no resulta nada útil cuando, en su ausencia, los titulares de las acciones quieran hacer valer sus propuestas e intereses. Con esa fórmula, se pretende no confundir igualdad con equidad. El propietario primigenio deberá de tener en cuenta aspectos específicos de valoración de los accionistas futuros a la hora de dictaminar su porcentaje, siendo consciente de lo que resulte equitativo, a cada uno según su condición, frente a lo igualitario, a todos lo mismo, aporten o no a la empresa.

El reparto al cincuenta por ciento es una trampa muy habitual en el paso de la primera a la segunda generación, pero contiene, en germen, no solo una posible paralización de la empresa, sino también su desgaste en batallas intestinas sobre el dominio de la misma que pueden abocarla a una venta precipitada o incluso a un cierre por situación de ingobernabilidad. Lo ideal sería que ambas partes tomasen conciencia de la problemática compleja que pudiera producirse por disensiones entre ellos, y, por ello, buscasen soluciones, tales como el consenso en los aspectos más básicos de la gobernabilidad o, incluso, el nombramiento de la figura de «hombre bueno» a quien ceder un porcentaje de acciones sin derechos para que este, interviniendo, permita que la empresa siga funcionando con normalidad. Si existiese Consejo de Administración, la situación también se podría encauzar con el nombramiento de consejeros independientes que faciliten la gobernanza. Se opte por la solución que se considere más adecuada, esta tendrá que estar reflejada en el Protocolo familiar correspondiente. Hay que agotar todas las posibilidades antes de entrar en un proceso de enfrentamiento que pueda derivar en una separación patrimonial.

7

EL LEGADO COMO UN MECANISMO DE AYUDA A LA PERVIVENCIA

Una organización, sobre todo cuando esta es una empresa con intención de obtener un legítimo lucro, máxime si está conformada como una empresa familiar, necesitada de permanencia, es algo más, en realidad mucho más, que un instrumento económico con el mero objetivo de obtener el máximo beneficio posible. Entendiendo que obtener ese beneficio, además de ser legítimo como ya se apuntó, es uno de los primeros pasos para garantizar la propia permanencia y, por supuesto la anhelada continuidad, dado que, si no hay beneficio, no hay re inversión, y, por lo tanto, no hay crecimiento. De este presupuesto tan obvio es de donde partimos.

1. El día después. Paisaje posterior a la batalla

Una vez que, gracias a un proceso convenientemente estructurado y, con posterioridad, bien llevado, se acaba logrando personificar la sucesión, la continuidad no acaba con la entronización del sucesor o sucesora. Ni mucho menos. Aparecerá una figura que, de no haberse hecho visible anteriormente, resultará inevitable que ocurra: la necesidad de que perviva no solo la institución, la entidad, la empresa, en definitiva, sino también aquello que representa en muchos aspectos.

Y esto supone la creación de un **LEGADO**, sobre todo en el caso de las empresas familiares, que contemple el papel desempeñado por los originarios. En referencia al propio papel del fundador en la transferencia, ello no solo es vital, sino también sano y necesario; y de mera justicia. Muchas de esas empresas tienen el nombre, incluso el propio nombre y los apellidos del fundador. Por lo tanto, sobre todo cuando ya la permanencia en la empresa no va a ser continuada, preservar lo conseguido se convierte en una preocupación. Y por ello, el legado, esa transmisión más allá de lo obtenido, que permite permanecer en la memoria colectiva, de no haberse abordado antes, se convierte en una parte importante de aquello que hay que conformar y configurar inserto en el futuro organizativo. Se vuelve un elemento ya constitutivo de la Sostenibilidad organizativa.

Hasta hace bien poco, este Legado (lo ponemos con la primera letra en mayúsculas para destacar su importancia) mantenía una perspectiva romántica, más de carácter reivindicativo basado en un sentimiento de búsqueda de reconocimiento e, incluso, como un mero instrumento de imagen o de reducción del impacto fiscal. Hoy en día, iniciándose el segundo cuarto del siglo XXI tiene otro significado, otra transcendencia, por ejemplo, a través de las Fundaciones. Se ha convertido ya en un componente más del desempeño empresarial formando también parte de la estrategia general de la compañía.

De este modo, el Legado impacta en la sostenibilidad de las empresas familiares, en aspectos de todo tipo: ambientales, sociales, relacionales (interna y externamente), con la cadena y el sistema de valor, con el entorno institucional, etc. Y no lo olvidemos, también en las siguientes generaciones a través del orgullo de pertenencia a un proyecto familiar con trascendencia y repercusión de alcance tanto social como comunitario.

Por todo ello, una vez que se crea el Legado, la empresa familiar debe actuar para que este siga, se nutra y resulte de valor para la organización y para su ámbito de radicación e interlocución con su entorno. Y protegiéndolo y nutriéndolo a través de las sucesivas generaciones, se llegue a favorecer con todo ello también el crecimiento y la pervivencia del proyecto familiar, y no sólo como empresa meramente lucrativa.

En términos muy rotundos, el Legado es ya, en la actualidad, un activo familiar y empresarial, sin duda alguna. Las decisiones actuales sobre ello condicionan a las siguientes generaciones, siendo uno de esos elementos de conexión con el entorno la existencia del ya mencionado Legado.

Hay seis aspectos del Legado que es necesario resaltar:

- En primer lugar, concretar el legado, definirlo y radicarlo en algo tangible, hace que este se materialice haciéndolo más visible. Y no hablamos únicamente de edificios o elementos físicos, sino de la especificidad de su función dentro de la organización.

- En segundo, es necesario adscribirse a uno o a varios de los seis legados que vamos a caracterizar. La materialización de un legado exige una orientación estratégica conectada.

- En tercer lugar, un legado tiene que ser concebido a largo plazo, precisándose para ello dedicar a este un conjunto de recursos de todo tipo, como ya veremos más adelante.

- Cuarto, el legado puede y deber**ía** evolucionar con los tiempos, así como con las demandas y necesidades sociales. Si antes donar alimentos previamente a su fecha de caducidad era motivo de ocultamiento para no parecer que se ejercía la mera beneficencia, hoy en día, eso sí, bien organizado, este tipo de actividades son consideras no sólo útiles sino también dignas de valoración e incluso de reconocimiento y agradecimiento social para aquellas empresa u organizaciones que lo practican. Es decir, ya no da vergüenza ofrecer lo que se tiene, con la mejor voluntad en vez de tirarlo; no resulta deshonroso.

- En quinto lugar, hay que ser realistas. No todo el mundo entiende el legado como una aportación honesta y sincera, pretendiendo ayudar, de algún modo, al entorno. Se puede entender que los legados, para una parte de la sociedad, pudieran dar la impresión de un cierto lavado de conciencia, del más puro marketing o que se busca con ello una cierta redención personal y social, una mera campaña de imagen; o lo que es peor, de una justificación por una supuesta «mala conciencia». Pero esto el entorno, la sociedad en definitiva lo detecta y valora si, en realidad, ello es porque las empresas se sienten parte también de la sociedad, como algo loable y merecedor de consideración, como una aportación honesta, o bien no es más que una pura estrategia de carácter estético. En definitiva, el eterno dilema de la imagen empresarial basada bien en la ética o bien en la mera estética.

- Y, por último, y como sexto aspecto a destacar, hay que apuntar que el legado exige, por supuesto, gestión. Es decir, una gestión indebida o ineficiente del legado puede conllevar la obtención del efecto contrario al que se esperaba. El legado, por lo tanto, hay que ejercerlo con Responsabilidad.

LECCIÓN APRENDIDA

El Legado, como las monedas, tiene su cara y su cruz. La cara corresponde a lo que supone como conexión inter generacional, ayudando a definir y consolidar la misión a largo plazo; pero la cruz afecta a la falta de organización sobre lo legado, que, no estando bien orientado y dirigido, puede constituirse en un freno por suponer una carga tanto material por coste, como inmaterial por la responsabilidad que supone asumirlo. Y no se puede olvidar que siempre va a ser considerado y valorado por el entorno.

2. Los seis tipos de legado

Vamos a establecer una categorización del legado que nos permitirá elaborar un conformado y modelo de legado como tal mediante la conjugación de estos seis elementos.

Por lo tanto y en línea con lo expuesto, distinguimos los siguientes formatos de legados, seis en concreto:

1. **El Legado Material**, que corresponde a la determinación de un conjunto de activos tangibles a partir de los beneficios obtenidos. Una Fundación, las aportaciones a entidades sociales, el ejercicio de la Responsabilidad Social Corporativa, la Acción Social y muchas otras actividades basadas en el apoyo al Bienestar Colectivo o Común, son las ofertas de legado material más utilizadas.

2. **El Legado Biológico**, cuestión que pudiera parecer de cajón, quizás innecesaria su descripción, se configura en incuestionable como elemento vivo de identidad, afectando, por ello, directamente a los familiares inmediatos a partir del fundador o fundadores. Llevar los mismos apellidos que el creador de un proyecto exitoso con visos de ser continuado, no solo es un orgullo; también es una responsabilidad que puede acabar convirtiéndose en una pesada carga. Los lazos de sangre unen mucho más, condicionan mucho más, pero también limitan y en gran medida a la hora de favorecer el legado, más, incluso, que cualquier atadura de otro tipo.

3. **El Legado Social**, en el que concurren muchos aspectos de todo tipo: desde la mera presencia de una organización, entidad y, sobre todo, empresa en su entorno más inmediato, el hecho de favorecer en zonas determinadas la generación de empleos y la subida del nivel de vida de los afectados, fundamental el cuidado del entorno medioambiental atendiendo a la Sostenibilidad Ambiental, la atención al Cambio Climático, situaciones todas las descritas y muchas más que ponen de manifestó la radical integración en la sociedad que presentan ya las organizaciones, en concreto las lucrativas o empresas. Pues con todo ello, resulta muy sencillo darse cuenta de que la interacción entre las empresas, el entorno social y económico, y la visión de innovación que suele hacer su aparición incluso ya en el momento de constituir el Legado en sí, son factores que imprimen carácter y favorecen o dificultan la integración en el ya varias veces mencionado entorno. Este legado, por su trascendencia tanto en la imagen como en los resultados de la compañía, es al que se suele tener en mayor consideración, suponiendo, así mismo, el tipo de actividad que concita gran parte del presupuesto asignado para las externalidades con cierto impacto social.

4. **El Legado Identitario**: que se da de manera más radical, por ejemplo, en aquellas empresas que tienen el nombre del fundador, y que estas hayan sido constituida hace un largo tiempo: son nombres como los de Robert Bosch, Siemens, Heineken, Christian

Dior, Adolfo Domínguez, Ford, Tous, Marco Alda-
ni, Emidio Tucci, etc., siendo unos escasos ejemplos
de la infinidad de nombres que nominan empresas
de gran envergadura y relevancia. Los integrantes
de las familias que gobiernan estas empresas suelen
tener un arraigado sentimiento de pertenencia y de
identidad compartida.

5. **El Legado Sucesorio**, efecto del enraizamiento del
Legado Identitario. Es la respuesta asumida y responsable a dicho Legado, el que marca el sentimiento de continuidad y de involucración para aquellos
que lo sienten como tal. Por supuesto, solo lo siente
quién se encuentra en esta situación que muchos
suelen considerar de privilegio, pero que, en algunos casos, supone más una carga, llegándose incluso
a rechazarlo.

6. **El Legado Personal**, siendo este un aspecto poco
tratado en la literatura sobre la sucesión, así como
conllevando una cierta dificultad su explicación,
hace referencia al hecho de explorar, a través de
detecciones y comparaciones entre el pasado y el
presente sobre lo sucedido, lo que obliga a mantener un constante debate interno con respecto a
los logros aportados. A partir de la edad madura,
las personas que trabajan en empresas y entidades
de diverso tipo, y que han conseguido logros muy
destacados e influyentes, incluso con trascendencia
social, consideran que «*es el momento de dejar algo,
de hacer algo, por el futuro, algo legítimo y algo propio que permita dejar huella, pervivir, en definitiva,*

*pero desde el punto de vista de lo realizado indivi-
dual y personalmente».* Se trata de enseñanzas, opiniones fundamentadas, experiencias acumuladas,
etc., que el legador quisiera transmitir y que suelen
tomar forma en documentos, libros u otros medios
de expresión. En este apartado incluimos también
lo correspondiente a la faceta de emprendedor que
suele mantenerse en la definición y desarrollo del
Legado, en una gran mayoría de casos, y que puede
llegar a manifestarse después incluso de su salida de
la organización o empresa originaria por razón de la
aplicación de la sucesión en sí.

Por diversas encuestas realizadas, la gradación de los
tipos más utilizados de legados arroja los siguientes resultados: el legado más considerado para su puesta en marcha
es el número seis, el correspondiente al Legado Personal,
por razones obvias, seguido del Material y el Biológico,
después lo Social y por último lo Identitario, entendido
este como una forma de reivindicación[20].

---

20   Todos los años, la consultora multinacional KPMG edita su
«Guía para el legado empresarial de empresas familiares», siendo la última edición la correspondiente al año 2024. En ese documento aparecen
cinco de los seis legados, al que le hemos añadido el personal, dada su
repercusión sobre el fundador/a y lo que ello va a afectarle, no solo indi-
vidualmente, sino también a través de todos los involucrados. No deja de
ser el rastro que pretende o quiere dejar ante el futuro.

3. Componentes y momento evolutivo del legado

Como ya hemos argumentado, el Legado lo configurarán tres grandes grupos de componentes: materiales, inmateriales y relacionales. Medir estos tres aspectos, salvo los materiales, no resulta fácil. En primer lugar, porque ello va más allá de la propia familia, y, en segundo lugar, porque el Legado es algo en construcción, y tanto puede engrandecerse y engrandecer a la empresa como, por efecto de decisiones mal evaluadas y peor llevadas a la práctica, convertirse en un lastre, así como una posible rémora que conlleve efectos perniciosos a largo plazo.

La tendencia actual y más moderna sobre el Legado consiste en la de aglutinar las actividades consideradas como legados, en un Legado unificado que contemple los criterios propios de la Sostenibilidad, en los que incluimos los correspondientes a la Responsabilidad Social Corporativa o Empresarial, la gestión eficaz de la sucesión para garantizar el compromiso empresarial con el futuro, el uso eficiente de los recursos, la gestión adecuada de la faceta humana de la organización y la búsqueda del bienestar organizativo y la gestión eficaz tanto con los proveedores como con los clientes (todo aquello que afecta tanto a la Cadena de Valor como al Sistema de Valor).

Una aproximación a la constitución de un Legado organizado y con visión de futuro, exige los siguientes pasos para su construcción:

1. **Identificar los valores propios de la organización**, así como su visión sobre la función que la empresa cumple en la sociedad en general, y en su entorno en particular, más allá de la faceta meramente económica.

2. **Incentivar las relaciones de la familia**, tanto las internas como las generadas entre los miembros de una familia en sí, como aquellas que obligan a la interrelación con el entorno. El orgullo de pertenencia implica también la humildad de considerar y asumir que lo logrado es fruto de un trabajo común y que asumir la responsabilidad del Legado familiar y empresarial conlleva obligaciones de importancia y calado; de este modo, no pueden tener, únicamente, aspectos positivos. Supone también, en ocasiones, ciertos sacrificios.

3. Lo anterior afecta a la preservación del patrimonio tanto empresarial como familiar. Pero hay un aspecto que no es meramente simbólico que consiste en **darle cuerpo al Legado a través de diversas posibilidades**: desde un Libro de Familia en formato físico, puesto en manos de todos los miembros como recuerdo de su pertenencia, hasta las modernas técnicas de albergar documentación o información basados en medios telemáticos.

4. Crear **los mecanismos de control de la actividad empresarial** y repercutirlos tanto sobre el patrimonio familiar común, como sobre los miembros de la misma. Contar con figuras como los albaceas patrimoniales o los gestores profesionales (imprescindibles en el caso de las *Family Office* ya mencionadas)

permiten garantizar la consecución de los objetivos económicos y patrimoniales comunes.

5. **Idear formatos** para fomentar dentro de la empresa o del conjunto de empresas en el caso de ser un grupo, **mecanismos de creación de emprendimientos e innovaciones** que favorezcan la adaptación a las novedades y a los cambios que apuntalen la pervivencia. Ello resulta especialmente importante si la empresa o empresas en cuestión se encuentran en los sectores menos adelantados tecnológicamente o la empresa carece de un departamento de tecnología o de innovación operativos y ya consolidados. Supone, además, una oportunidad de desarrollo para aquellos miembros más jóvenes y habituados al uso de la tecnología que les permita un desarrollo propio más adecuado a su contemporaneidad.

6. **Enraizar la empresa en el entorno a través de iniciativas sociales con peso específico** por sí mismas, tratándose con ello de huir de la expresión de meros gustos privados (el apoyo a los deportes practicados por los directivos y propietarios, es un claro ejemplo ya aludido), buscándose resolver verdaderos problemas sociales que puedan ser reconocidas dichas iniciativas como aportaciones honestas al bienestar colectivo. Patrocinar deportes como el fútbol, la vela o el golf, puede resultar muy reconfortantes para algún miembro concreto de la familiar, pero hay que sopesar también el impacto que supondrá en la mejora del entorno social en el que esté inserta la empresa. Este tipo de actuaciones, tildadas en

muchas ocasiones de caprichos o de meras acciones de cosmética social, son especialmente observadas por el entorno e, incluso, señaladas como tales por organizaciones de vigilancia social, cada vez más activas y con una mayor capacidad de convocatoria y de respuesta acusadora.

Al hilo de todo lo expuesto, es importante hacer notar que el Legado exige una graduación aquilatada al momento concreto en el que se estime su consideración. De este modo, el Legado considerado en el caso de la trasmisión de la primera a la segunda generación suele tener un grupo de componentes más materiales que inmateriales o relacionales. La experiencia dicta que el paso de la segunda generación a la tercera, sin abandonar el aspecto material, se decanta más hacia el acopio de elementos relacionales, los cuales permitan afianzar la «imagen de marca» que propicia el Legado a la empresa; así mismo, ya a partir del paso de la tercera a la cuarta y a las siguientes generaciones, el sustento basado en los elementos inmateriales del Legado se vuelve el de mayor consideración, sobre todo si la empresa familiar conserva el nombre del fundador. Son aquellas empresas que ya tienen un histórico como aval, se encuentran sustentadas en elementos materiales y con un conjunto de relaciones consolidadas, buscándose que, su trayectoria estando ya muy reconocida, se acabe convirtiendo en un activo motivo de preservación y cuidado.

Como un ejemplo concreto de esta última transición, podemos citar a una institución actual como la Fundación Guggenheim, creada en 1937 por el magnate Solomon R. Guggenheim a partir de sus negocios mineros de la Yukon

Gold Company en Alaska y de fundición a través de la American Smelting and Refining Company. La Fundación, famosa en todo el mundo, se acabó convirtiendo en algo más que los legados material y relacional de su grupo empresarial, caído ya en el olvido, absorbido por la fama de su creación; en estos momentos, es un símbolo de desarrollo cultural, y aquellas ciudades que tienen el honor de contar con su presencia se convierten en verdaderos focos de desarrollo y atracción culturales, y, como no, también en notables generadores de recursos económicos. Hoy, las distintas fundaciones con el nombre de su fundador Guggenheim, son gestionadas, además desde las propias instituciones fundacionales, por varias sociedades de inversión propiedad de los familiares tales como la *Guggenheim Partners* y la *Guggenheim Investment Advisors*, con patrimonios superiores a los 150 mil millones de dólares. Nada queda, pues, del origen empresarial sustentado en el sector extractivo de la fortuna que acabó convirtiéndose en un formato exitoso de mecenazgo, favorecedor del arte y el desarrollo de las ciudades como polos culturales y, que aún ahora, conserva el nombre de su creador.

4. Qué transmisiones conlleva el Legado: valores y experiencia

Un aspecto verdaderamente peculiar y propio de la transmisión del Legado tiene que ver con el traslado de la experiencia, el saber hacer y el modo de enfocar la empresa, así como de todo lo que conlleva esa parte del legado inmaterial más inmediato. Corresponde y remite, sobre todo en lo concerniente a la transición de la primera a la segunda generación, a la traslación de los legados Identitario y Personal.

Se trata, en ambos casos, de la impronta empresarial y propia, sobre todo esta última referida al legador. Hay un conjunto de valores y experiencias que aquella persona que ha conseguido logros materiales o relacionales importantes considera que debe trasladar a sus sucesores, incluso a su entorno. Los estudios realizados indican que, a partir de la mitad de la vida, cifrémosla en los primeros 50 años, los fundadores de las empresas, sobre todo en el caso de las familiares, comienzan a pensar en QUÉ van a dejar no solo como patrimonio empresarial y material a sus propios descendientes, sino también en CÓMO va a quedar su imagen en el futuro, en definitiva, se ponen a pensar en su propio y personal legado. Es algo humano y que conlleva, además y ello no tiene nada de cuestionable, aquellas enseñanzas, aquellos valores que permitieron crear todo lo que finalmente queda como testimonio, o que fueron creándose a lo largo de la historia de la compañía.

Ese testimonio es una ofrenda de vida, además de lo que pueda suponer el legado biológico, el cual, nunca mejor dicho, ya tiene vida propia y personificada. Cómo quiero que se me recuerda comienza a convertirse casi en una obsesión en algunos casos. Por ello, afrontar el diseño y posterior desarrollo del Legado a partir del interés en permanecer en la memoria como un referente tanto para la familia como para el entorno, precisa abordar los siguientes puntos:

1. Considerar que dejar un Legado significa pensar sobre ello de manera estratégica, ligándolo a todas las facetas empresariales y personales posibles, con coherencia y organizado a partir de los deseos y aspiraciones del legador para mejor disfrute y beneficio de los legítimos legatarios.

2. Deberá, en la medida de lo posible, tener en cuenta que, salvo en el caso de los artistas, lo que preservamos a futuro, a pesar de haber sido favorecido por personas en concreto, no deja de ser una obra colectiva, máxime en el caso de las empresas, y mucho más extremo en lo que se refiere a las empresas familiares. En definitiva, se trata de cultivar la humildad basada en considerar que los logros que se hayan obtenido, siempre van a tener una base conjunta, en la que tienen un papel destacado la familia y los allegados.

3. Legado y Reputación van obligatoriamente unidos. Una reputación positiva se consigue con la configuración de un legado honesto, sensible a las necesidades detectadas alrededor y con el ánimo de formar parte de un incremento honrado del bienestar común.

4. Generar y, por lo tanto, preservar, también afecta a la creación de conocimientos y a la transmisión de esos saberes. Dejar un legado, escrito o visual, ayudará a la memoria colectiva a que realice su función de recuerdo activo. Las modernas tecnologías permiten, ahora más que nunca, mantener vivas las enseñanzas y las vivencias de los legadores para que los legatarios puedan aprender de su bagaje vital y moral, y así preservarlo para el resto de las generaciones que configuren y mantengan el proyecto empresarial familiar.

5. Un último aspecto que no podemos olvidar, este ya de carácter muy personal y hondamente subjetivo, lo supone considerar que una persona que ha conseguido con sus capacidades y esfuerzo levantar una empresa o varias, siente un legítimo orgullo por lo conseguido, sabiendo, además, que ello permitirá el desahogo material de sus descendientes. El volumen de lo conseguido, aún siendo importante, no es lo relevante; lo verdaderamente digno de constatar, sobre todo para el fundador de una o varias compañías, máxime si fueron creadas gracias a su inventiva y con los medios más básicos, como suele decirse «empezando desde la nada», el orgullo de lo logrado, insistimos en su legitimidad, aboca a que sea mostrado de algún modo. Incluso que se sienta un legítimo y respetable orgullo por ello, como no. Y así, la manera que se considera más elegante a la par que útil y, por lo tanto, adecuada es el formato

del Legado, en definitiva, devolver parte de lo recibido, y verlo como fructifica.

El pasado no necesariamente se repite, de igual manera, en el futuro. Pero, también sabemos que quien no conoce bien su pasado, sobre todo el que se pueda considerar como negativo, por ausencia de aprendizaje, se ve abocado a repetirlo. Pero ese futuro, en gran medida es construible, no está pre determinado, depende de cómo afrontemos la necesidad de nuestra proyección más allá del propio día a día, ese lugar donde, indefectiblemente, vamos a seguir viviendo, que es el futuro. Por ello, configurar un Legado nos proyecta más allá de nuestra propia presencia física, más allá de la propia empresa y la propia familia, afectando al bienestar de aquellos con quienes nos relacionamos y que juzgarán lo realizado con los ojos de su propio futuro. A este proceso lo podemos llamar COMPROMISO. Y, de este modo, el Legado, además de configurarse como un modo de afianzar la pervivencia, se convierte en una fórmula de afianzar el compromiso.

Así mismo, el compromiso opera en dos direcciones: por una parte, supone el afianzamiento de la voluntad de continuidad; y, por la otra, conlleva la superación de la falta de coordinación propia de las empresas familiares, sobre todo, en el paso de la segunda a la tercera generación, la denominada como «generación del poeta», donde la situación de debilidad de la organización hace que esta languidezca para, finalmente, acabar convirtiéndose en la generación que tenga la misión de gestionar, inútilmente, un futuro sin horizonte. En definitiva, por desconocimiento o por intereses espurios se acaba haciendo bueno, lamentablemente, el dicho de que «el abuelo funda, los hijos debilitan y los nietos entierran».

Efectivamente, el problema no consiste tanto en la falta de capacidades de las siguientes generaciones, como en que los miembros de la segunda generación, sin tener bien definidas ni experimentadas las «reglas de juego» entre ellos, las reglas propias de una «empresa familiar de hermanos», han de revitalizar un negocio que la primera generación ha dejado madurar excesivamente, y en la tercera generación, normalmente una «empresa familiar de primos», se añade al problema anterior la dificultad de recomponer un sistema de relaciones humanas entre los miembros de la familia, y la familia y la empresa, que está en desequilibrio por culpa de las prolongadas crisis estructurales.

CASO CONCRETO: La sucesión no familiar

Existe un caso específico, que puede darse bien por inexistencia de sucesor o bien por la ausencia dentro de la familia de un familiar adecuado que pueda hacerse cargo del futuro organizativo y empresarial. Es lo que denominaremos como sucesión no familiar.

También puede ocurrir que sea necesario incorporar a un profesional de la gestión y la dirección mientras se consuma el proceso de sucesión o se logre encontrar a alguien compatible con la familia dentro de la misma; en definitiva, que la organización se vea abocada a esperar, una mera cuestión de tiempo, para encauzar la sucesión. Pudiera darse el caso, también habitual, de la falta de preparación, por edad, del sucesor, siendo conveniente una espera gestionada de manera adecuada.

Si este hecho se produce entre la primera y la segunda generación, es imprescindible dividir el proceso en dos partes: una primera estableciendo los referentes de todo tipo, para la actuación de un directivo no familiar como responsable máximo de la empresa familiar, y un segundo período de planificación y gestión del traslado del puesto a la persona elegida por la propiedad procedente del interior de la familia.

A lo largo de los dos plazos, tiene que presidir la coherencia y la claridad referentes al fin último: garantizar la continuidad de la empresa. Y por ello, la discreción deberá orientar todo el proceso. Una de las fórmulas más utilizadas lo supone el Interim Management (dirección de transición), es decir, el «alquiler» de un profesional de la dirección y la gestión por un tiempo determinado de antemano, el cual tiene muy claro desde el inicio su función como facilitador de la transición y apoyo posterior, siendo parte de su trabajo asumir y desarrollar esta responsabilidad. Esa función «bisagra» se encuentra presidida no solo por la claridad, sino también por factores tales como la eficacia, el uso de la experiencia, la responsabilidad en la ejecución y el compromiso expreso sobre el logro de los objetivos pactados desde un inicio.

Consideramos que un Interim Manager es la mejor fórmula ante una situación de ausencia de sucesión o revisión y ajuste temporal de la continuidad. Eso sí, siendo conscientes todos los implicados de la temporalidad de esta solución, delimitable y concreta, por lo tanto, en el tiempo.

Durante ese período, se realizará la búsqueda de un directivo no familiar con tiempo suficiente para alcanzar un resultado satisfactorio, siempre y cuando se haya verificado la inexistencia de alguna persona adecuada para asumir la sucesión. Las soluciones tipo «es que no hay nada mejor» o «es lo que había» no suelen dar buen resultado.

Por ello, no podemos ocultar que la localización e integración de un directivo no familiar resulta compleja y, en muchas ocasiones, fallida; pero puede volverse obligada. La compatibilidad y el encaje se logran con el tiempo, siendo lo menos habitual que el nuevo encaje en la empresa se produzca de manera muy inmediata. Por ello, traer a la compañía alguien con su misión muy clara y con el objetivo pre establecido de mantener la organización hasta un momento ya previamente determinado, permite tomarse el tiempo necesario para encontrar la persona adecuada, bien dentro de la empresa o, incluso si las circunstancias no lo propician, bien fuera de la misma.

8

RETOS A LOS QUE SE ENFRENTAN LAS EMPRESAS FAMILIARES A PARTIR DE LA SUCESIÓN

Al hilo de todo lo ya expuesto, hay una serie de retos posteriores a la resolución del encauce sucesorio y que es necesario poner de manifiesto. De manera resumida, dichos retos son, al menos, cuatro. Y así:

1. La empresa familiar con sucesión localizada y orientada deberá poseer mecanismos que garanticen la continuidad a partir de la sucesión, asumiendo la legitimidad del proceso y del resultado.

2. En línea con un proceso de profesionalización, la empresa deberá apoyar, al menos en los primeros años, de manera explícita la labor del sucesor (siempre y cuando este no incurra en actuaciones indebidas y punibles que se puedan convertir en un delito de administración desleal). Para ello, una de las primeras actuaciones será la suscripción de un seguro de Responsabilidad Civil para administradores y directivos.

3. Revisión completa de la situación de la empresa al objeto de conocer de primera mano las circunstancias reales para garantizar la gobernabilidad. En función de la capacidad de cada organización, lo conveniente es solicitar un informe pericial sobre la situación patrimonial, económica y financiera de la misma.

4. Contar con el apoyo explícito de los garantes de la administración de la empresa, habitualmente el Consejo de Administración. Si resulta posible, tener como miembro del Consejo a un consejero nombrado por el sucesor, al objeto de garantizar una mínima capacidad de maniobra ante el Consejo y que el sucesor no se pueda sentir rehén del mismo y de la situación sobrevenida.

Factores de éxito en la continuidad

Al menos, los tres factores más importantes que condicionan obtener el éxito en el proceso sucesorio y de continuidad son los siguientes y que exigen un tratamiento específico, más allá de una mera consideración sin ahondar en su importancia, son los siguientes:

Dotar de sentido: Tener un propósito estratégico, es decir, ir más allá de la mera continuidad, asegurando la pervivencia. Ello se logra incrementando la mejora en la gestión en la mecánica que se ponga en marcha para lograr la sucesión. Por ello, no se trata solo de suceder, sino de mejorar a través de la sucesión.

Valorar lo informal: Considerar como un factor fundamental que exige gestión la denominada como estructura informal, es decir, la repercusión que el proceso vaya a tener, dado que pueden quedar «heridas» derivadas del proceso que influirán, sobre todo negativamente, en un futuro. La sucesión deberá, por lo tanto, legitimarse con posterioridad evitando la existencia de vencedores y vencidos.

Naturalidad: Dar a la continuidad un carácter «natural», siendo parte de un proceso obligado por el propio desarrollo de la organización, ligado al cuidado del factor humano que la condiciona. Hay que entender y hacer entender que lo que sería extraño es no tener que abordar ese proceso, dado que nada es eterno y todo precisa revisión y ajuste. Desde el primer momento, abordar la pervivencia deberá considerarse como inherente a una organización, sobre todo si esta resulta ser una empresa con vocación de futuro, así como dueña de un pasado del que sentirse verdaderamente orgullosa.

**Más información y casos de éxito en
www.pervivencia.com**

BIBLIOGRAFÍA

AA. VV., «*Gobernabilidad de las empresas familiares peruanas y principios de buen gobierno corporativo*», Gerencia Global, documento nº 18, Universidad ESAN, Lima, 2010.

AA. VV. «*Fundamentos de la empresa familiar*», IEF, Aranzadi, Cuatrecasas, Madrid, 2025.

Amat, J. M., «*La continuidad de la empresa familiar*», Ed. Gestión 2000. Barcelona, 2000.

Calavia Molinero, José Manuel, «*Gobierno y Administración en la empresa familiar*», Colección Real Academia Europea de Doctores, Ediciones Gráficas Re, S. L., Barcelona, 2024.

Cámara de Comercio de Medellín para Antioquia, «*Gobierno Corporativo: Estrategia de Sostenibilidad en las empresas de Familia*», Medellín, sin fecha.

Corporación Financiera Internacional (IFC), Grupo Banco Mundial, «*Manual IFC de Gobierno de Empresas Familiares*», Washington, 2024.

Fernández Pérez, Paloma y Lluch, Andrea (eds.), «*Familias empresarias y grandes empresas familiares en América Latina y España. Una visión a largo plazo*», Fundación BBVA, Bilbao, 2015.

Gallo, M. A., y Amat, J. M., «*Las claves del éxito de la empresa multigeneracional*», Ed. Deusto, Bilbao, 2003.

Gallo, Miguel Ángel, «*La sucesión en la empresa familiar*», Colección Estudios e Informes, n° 12, Servicio de Estudios de la Caixa, Barcelona, 1998.

Quintana, Javier, «*Guía práctica para el buen gobierno de las empresas familiares*», Documento 165, Instituto de Empresa Familiar, Madrid, 2012. www.iefamiliar.com

Revista «Legado. Familia, Empresa, Comunidad», Tecnológico de Monterrey, Instituto de Familias Empresarias, Publicaciones sobre la empresa familiar Instituto de Familias Empresarias | Tecnológico de Monterrey

San Martín Reyna, Juan Manuel y Durán Encalada, Jorge Alberto, «*Radiografía de la empresa familiar en México*», Fundación Universidad de las Américas, Puebla, México, 2017.

Tàpies, Josep y Costa, Xavier, «*Las 100 empresas familiares más grandes de España, Alemania y Estados Unidos: un estudio comparativo*», IESE, 2020.

EPÍLOGO

Ignacio Rivera Quintana

Presidente del Instituto de la Empresa Familiar (IEF)

Presidente Ejecutivo de Corporación Hijos de Rivera

En un mundo donde todo pasa rápido, y cambia a velocidad aún mayor, la longevidad es sinónimo de raíces, de certeza en tiempos de incertidumbre. Las empresas familiares nacen con ese objetivo: el de dar forma a una idea, a un sueño, que perdure en el tiempo. Esa visión compartida es lo que nos une y lo que nos impulsa: el compromiso con el futuro, con un propósito que trascienda durante generaciones.

Un propósito, además, que siempre va ligado al impacto positivo. Las empresas familiares somos sinónimo de impactar positivamente en nuestro origen, por nuestra fuerte vinculación al territorio en el que nacemos. No buscamos la comodidad ni la lógica que dictan la eficiencia o la logística en las grandes corporaciones: somos motor de transformación de la tierra que nos vio nacer.

También impactamos positivamente en nuestros aliados. Trabajamos estrechamente junto a nuestros clientes y proveedores, cultivando una relación basada en la confianza que les permita crecer y prosperar. Y, por supuesto, impactamos en las personas, nuestros colaboradores, a quienes cuidamos y ponemos en el centro de nuestras decisiones. Además, como no puede ser de otra forma, cuidamos el planeta, con una sostenibilidad real que va más allá de modas pasajeras, y se refleja en proyectos y acciones concretos.

Es precisamente por este impacto positivo por el que es crucial que cada vez más empresas familiares sobrevivan a uno de sus mayores retos: la sucesión. Y por eso este libro es tan necesario —y útil— en la actualidad. En primer lugar, por poner en valor la relevancia de las empresas familiares: somos la gran mayoría de las empresas españolas, un 90%, generamos el 70% del empleo privado y aportamos un 60% al PIB del país. Y, en segundo lugar, por abordar con claridad y con una visión transversal uno de los momentos más complejos de la empresa familiar.

Cada uno de los consejos que se desprenden en este libro son relevantes para alcanzar la pervivencia de la empresa familiar. Una pervivencia, que no supervivencia, como bien detallan estas páginas, que permita hacer crecer las empresas familiares durante generaciones, abordando sus riesgos, profesionalizándose y contando con una hoja de ruta clara de sucesión. Una pervivencia que, sin duda, llevará a una España más próspera y competitiva.

ANEXO I

FICHAS DE TRABAJO

**(realización a cargo de Juan José Manso Carballo,
directivo de PERVIVENCIA
www.pervivencia.com)**

Estas Fichas de Trabajo se proponen a modo de formato de uso para la realización de un análisis y posterior seguimiento muy enfocado a los usuarios de las organizaciones y empresas necesitados de un proceso organizado de sucesión y continuidad, y donde los seis momentos importantes a la hora de determinar los pasos a dar en un proceso de sucesión organizado se encuentran reflejados: Evaluación del Contexto Organizativo, Evaluación de la situación de la Sucesión en la organización, Cadena de Valor y *Stakeholders* ante la sucesión, Gestión del Riesgo Estratégico ante la sucesión, Cumplimiento normativo ante la sucesión y la Sucesión como elemento de Sostenibilidad organizativa, en su faceta E de los nuevos y ampliados criterios componentes de la Sostenibilidad que denominamos AESG (siendo el resto los criterios Ambiental, Social y de Gobernanza), esto es, la de carácter económico. Supone, por lo tanto, una sucinta y concreta Guía que ofrecemos en soporte preguntas, previas y posteriores a lo largo del proceso, para hacer un chequeo rápido antes de afrontarlo con unas mínimas garantías de éxito.

Ficha 1. EVALUACIÓN DEL CONTEXTO ORGANIZATIVO

1. ¿Qué tan bien identificados tiene su organización los factores externos (económicos, sociales, tecnológicos) que afectan a sus operaciones?

a) No se han identificado factores externos relevantes.

b) Hay un conocimiento parcial y no documentado de los factores externos.

c) Los factores externos están identificados y documentados, pero no se revisan periódicamente.

d) Los factores externos están completamente identificados, documentados y revisados regularmente.

2. ¿Cómo evalúa la claridad del propósito y los objetivos estratégicos de su organización?

a) No están definidos claramente ni comunicados.

b) Existen objetivos generales, pero no están alineados con la estrategia.

c) Los objetivos están definidos y parcialmente alineados con la estrategia.

d) Los objetivos están claramente definidos, alineados con la estrategia y comunicados eficazmente.

3. ¿Qué tan robusta es la estructura organizativa para soportar las operaciones actuales?

a) La estructura es confusa y carece de roles y responsabilidades definidos.

b) La estructura está definida, pero no soporta eficientemente las operaciones.

c) La estructura es adecuada, pero requiere ajustes para mejorar la eficiencia.

d) La estructura es completamente funcional y soporta eficientemente las operaciones.

4. ¿Qué nivel de control tiene sobre la estabilidad financiera de su organización?

a) No se cuenta con un control financiero suficientemente definido.

b) Se tienen algunos indicadores financieros, pero no se utilizan para la toma de decisiones.

c) Se monitorean indicadores financieros básicos y se utilizan en decisiones clave.

d) Se cuenta con un control financiero robusto que incluye proyecciones y análisis de riesgos.

5. ¿Qué tan alineada está la cultura organizativa con los objetivos estratégicos de la empresa?

a) La cultura organizativa no está definida ni alineada.

b) La cultura organizativa está parcialmente alineada con los objetivos estratégicos.

c) Existe una alineación general, pero no está integrada al nivel de todos los colaboradores.

d) La cultura está completamente alineada e integrada con los objetivos estratégicos.

6. ¿Con qué frecuencia revisa la organización su entorno interno y externo?

a) Nunca se realiza una revisión formal.

b) Las revisiones se realizan ocasionalmente, pero sin un enfoque estructurado.

c) Se realizan revisiones periódicas, pero sin seguimiento continuo.

d) Las revisiones son sistemáticas, estructuradas y se realizan de manera periódica.

7. ¿Qué tan preparada está su organización para adaptarse a cambios en su entorno externo?

a) No existen planes para adaptarse a cambios externos.

b) Se han identificado algunos riesgos, pero no se han desarrollado planes de acción.

c) Existen planes básicos para adaptarse a cambios externos.

d) La organización cuenta con planes detallados y probados de adaptación ante cambios.

8. ¿Qué nivel de involucración tienen los responsables en el análisis del contexto organizativo?

a) Los responsables no participan en el análisis del contexto organizativo.

b) Los responsables participan ocasionalmente, pero sin un compromiso consistente.

c) Los responsables están moderadamente involucrados y respaldan los esfuerzos de análisis.

d) Los responsables están altamente comprometidos y dirigen el análisis del contexto organizativo.

9. ¿Qué tan claros son los roles y responsabilidades en la toma de decisiones estratégicas?

a) No están definidos los roles y responsabilidades.

b) Los roles están definidos, pero no se respetan consistentemente.

c) Los roles están definidos y se respetan parcialmente en la toma de decisiones.

d) Los roles están claramente definidos y son respetados en todas las decisiones estratégicas.

10. ¿Qué tan efectivo es su sistema para monitorear los cambios en el contexto externo?

a) No se monitorean los cambios en el contexto externo.

b) Los cambios se monitorean esporádicamente y sin un sistema previamente estructurado.

c) Existe un sistema básico de monitoreo, pero necesita mejoras.

d) Se cuenta con un sistema robusto de monitoreo, integrado a la toma de decisiones.

Ficha 2. EVALUACIÓN DE LA SITUACIÓN DE LA SUCESIÓN EN LA ORGANIZACIÓN

1. ¿La organización cuenta con un plan formal de sucesión?

a) No existe un plan formal de sucesión.

b) Existen ideas generales sobre la sucesión, pero no están documentadas.

c) Se cuenta con un plan básico, aunque sin actualización regular.

d) Hay un plan formal, actualizado y probado para la sucesión en roles críticos.

2. ¿Está identificado el rol crítico para la sucesión?

a) No se han identificado el rol crítico para la sucesión.

b) Se han identificado algunos roles críticos, pero no de forma exhaustiva.

c) La mayoría de los roles críticos están identificados, pero faltan revisiones regulares.

d) Todos los roles críticos están claramente identificados y revisados periódicamente.

3. ¿Qué nivel de preparación tienen los posibles sucesores para asumir roles de liderazgo?

a) No se han identificado ni preparado a los posibles sucesores.

b) Hay candidatos identificados, pero no han recibido formación o preparación adecuada.

c) Los posibles sucesores reciben formación básica, pero no experiencia práctica.

d) Los posibles sucesores están completamente preparados con formación, experiencia y planes de desarrollo.

4. ¿Existen criterios claros y objetivos para seleccionar candidatos a la sucesión?

a) No hay criterios establecidos para la selección de sucesores.

b) Los criterios son subjetivos y varían según la situación.

c) Hay criterios establecidos, pero no están formalizados ni documentados.

d) Existen criterios claros, documentados y aplicados consistentemente.

5. ¿Con qué frecuencia se revisan y actualizan los planes de sucesión?

a) No se revisan ni actualizan los planes de sucesión.

b) Las revisiones son esporádicas y no estructuradas.

c) Las revisiones se realizan periódicamente, pero sin participación de todos los niveles.

d) Las revisiones son regulares, estructuradas y con participación activa de los líderes clave.

6. ¿Qué tan comprometido está el liderazgo actual en la planificación de la sucesión?

a) No hay compromiso por parte del liderazgo actual.

b) El liderazgo muestra interés, pero no participa activamente en la planificación.

c) Los líderes participan moderadamente en el diseño de los planes de sucesión.

d) El liderazgo está altamente comprometido y dirige activamente la planificación.

7. ¿Cómo se gestionan las transiciones de liderazgo en la organización?

a) No existe un proceso definido para transiciones de liderazgo.

b) Las transiciones se manejan de manera informal y reactiva.

c) Hay procedimientos básicos para transiciones, pero no son aplicados consistentemente.

d) Existen procedimientos formales, probados y seguidos rigurosamente en cada transición.

8. ¿Qué nivel de comunicación existe sobre los planes de sucesión dentro de la organización?

a) Los planes de sucesión no se comunican a ninguna parte de las partes de la organización.

b) La comunicación es limitada y solo llega a niveles superiores.

c) La comunicación alcanza a la mayoría de los niveles organizativos, pero no está bien estructurada.

d) Los planes son comunicados clara y consistentemente a todos los niveles relevantes.

9. ¿Qué tan preparado está el equipo actual para apoyar el proceso de sucesión?

a) El equipo no está preparado para apoyar el proceso de sucesión.

b) Hay un nivel básico de apoyo, pero falta formación específica.

c) El equipo tiene formación básica y experiencia parcial en procesos de sucesión.

d) El equipo está totalmente preparado con formación, experiencia y roles definidos.

10. ¿La organización realiza simulaciones o pruebas de sus planes de sucesión?

a) Nunca se realizan simulaciones o pruebas de los planes de sucesión.

b) Se han realizado pruebas esporádicas, pero sin resultados formales.

c) Se realizan pruebas periódicas, aunque no están plenamente integradas en el proceso.

d) Las simulaciones son regulares, formales y generan aprendizajes documentados.

Ficha 3. CADENA DE VALOR Y *STAKEHOLDERS* ANTE LA SUCESIÓN

1. ¿Qué nivel de análisis realiza su organización sobre el impacto de los cambios organizativos en la cadena de valor?

a) No se analiza el impacto de los cambios organizativos en la cadena de valor.

b) El impacto se analiza de manera esporádica y reactiva, sin sistematización.

c) Hay un análisis parcial, pero no se considera toda la cadena de valor.

d) Existe un análisis completo, sistemático y continuo sobre el impacto en la cadena de valor.

2. ¿Qué tan clara es la identificación de *stakeholders* clave para su organización?

a) No se han identificado los *stakeholders* clave.

b) Los *stakeholders* clave se identifican de manera general, sin un enfoque estructurado.

c) La mayoría de los *stakeholders* clave están identificados, pero no revisados regularmente.

d) Los *stakeholders* clave están claramente identificados y sus necesidades se revisan periódicamente.

3. ¿Qué tan efectivas son las estrategias para gestionar relaciones con *stakeholders* clave?

a) No existen estrategias formales para gestionar relaciones con *stakeholders*.

b) Las relaciones con *stakeholders* se gestionan de manera informal y no planificada.

c) Existen estrategias básicas, pero carecen de medición de su efectividad.

d) Las estrategias son completas, medibles y adaptadas a las necesidades de los *stakeholders*.

4. ¿Con qué frecuencia se revisan los compromisos con los *stakeholders* clave?

a) Nunca se revisan los compromisos con los *stakeholders*.

b) Las revisiones son esporádicas y no incluyen a todos los *stakeholders* relevantes.

c) Las revisiones son periódicas, pero no siempre conducen a ajustes efectivos.

d) Los compromisos se revisan regularmente y se ajustan con base en la retroalimentación y el análisis de los resultados.

5. ¿Qué tan preparado está su equipo para gestionar el impacto de cambios organizativos en la cadena de valor

a) El equipo no está preparado para gestionar estos impactos.

b) Hay preparación limitada, pero falta formación específica.

c) El equipo tiene conocimientos básicos, pero carece de experiencia práctica en la gestión de impactos.

d) El equipo está completamente preparado, con formación y experiencia probadas.

6. ¿Qué nivel de comunicación mantiene su organización con los *stakeholders* durante los cambios organizativos?

a) No se comunica con los *stakeholders* durante los cambios organizativos.

b) La comunicación es ocasional y no alcanza a todos los *stakeholders* relevantes.

c) La comunicación es periódica, pero no siempre clara o consistente.

d) La comunicación es continua, estructurada y adecuada a las necesidades de cada *stakeholders*.

7. ¿Cómo evalúa el nivel de confianza que tienen los *stakeholders* clave en su organización?

a) La confianza de los *stakeholders* no se evalúa.

b) Hay indicios de confianza, pero no se miden formalmente.

c) La confianza de los *stakeholders* se evalúa, pero no se gestiona activamente.

d) La confianza de los *stakeholders* es alta, se mide regularmente y se gestiona proactivamente.

8. ¿Qué mecanismos utiliza para mitigar el impacto en la cadena de valor durante cambios organizativos?

a) No existen mecanismos para mitigar impactos en la cadena de valor.

b) Se implementan soluciones improvisadas según la situación.

c) Existen mecanismos básicos, pero no han sido probados o evaluados.

d) Los mecanismos están definidos, probados y son efectivos para mitigar impactos.

9. ¿Qué tan bien están integrados los *stakeholders* en los procesos de toma de decisiones críticas?

a) Los *stakeholders* no están involucrados en la toma de decisiones.

b) Algunos *stakeholders* participan ocasionalmente, pero sin un marco definido.

c) La mayoría de los *stakeholders* relevantes están involucrados, pero de manera limitada.

d) Los *stakeholders* clave están completamente integrados en los procesos de decisión.

10. ¿Qué tan efectiva es la organización en la gestión de la reputación ante los *stakeholders* durante cambios organizativos?

a) No se gestiona la reputación durante los cambios organizativos.

b) Se gestiona la reputación de manera reactiva, dependiendo de los eventos.

c) Existen estrategias básicas para gestionar la reputación, pero no son consistentes.

d) La reputación se gestiona de manera proactiva con estrategias claras, efectivas y adaptadas.

Ficha 4. GESTIÓN DEL RIESGO ESTRATÉGICO ANTE LA SUCESIÓN

1. ¿Qué tan bien identificados están los riesgos estratégicos relacionados con la continuidad de la organización?

a) No se han identificado riesgos estratégicos.

b) Algunos riesgos están identificados, pero no se clasifican ni documentan.

c) Los riesgos están identificados y clasificados, pero no revisados regularmente.

d) Todos los riesgos están identificados, clasificados, documentados y revisados periódicamente.

2. ¿Qué tan efectiva es la priorización de los riesgos organizativos?

a) No se priorizan los riesgos identificados.

b) Los riesgos se priorizan de forma informal y sin un método establecido.

c) Hay un método básico de priorización, pero no está integrado en la estrategia.

d) La priorización es sistemática, basada en impacto y probabilidad, e integrada en la estrategia organizativa.

3. ¿Qué nivel de preparación tiene la organización para mitigar riesgos estratégicos previsibles?

a) No existen medidas de mitigación para riesgos estratégicos.

b) Hay medidas básicas, pero carecen de procedimientos formales.

c) Las medidas de mitigación están definidas, pero no han sido probadas.

d) Las medidas de mitigación están completamente definidas, probadas y ajustadas regularmente.

4. ¿Con qué frecuencia se revisan los riesgos relacionados con la sucesión y continuidad organizativa?

a) Los riesgos no se revisan.

b) Las revisiones son esporádicas y no documentadas.

c) Los riesgos se revisan periódicamente, pero sin un análisis detallado.

d) Los riesgos se revisan regularmente, con análisis detallados y ajustes a las medidas de mitigación.

5. ¿Qué tan alineado está el sistema de gobernanza con la gestión de riesgos estratégicos?

a) No existe un sistema de gobernanza relacionado con la gestión de riesgos.

b) Hay un sistema básico de gobernanza, pero con limitada integración en la gestión de riesgos.

c) El sistema de gobernanza está alineado parcialmente con la gestión de riesgos estratégicos.

d) El sistema de gobernanza está completamente alineado y supervisa activamente la gestión de riesgos.

6. ¿Qué tan claro es el proceso para tomar decisiones estratégicas frente a riesgos críticos?

a) No existe un proceso claro para decisiones estratégicas relacionadas con riesgos.

b) Las decisiones estratégicas se toman de manera reactiva y sin procedimientos establecidos.

c) Hay un proceso definido, pero no se sigue de manera consistente.

d) El proceso es claro, estructurado y se sigue consistentemente para todas las decisiones estratégicas.

7. ¿Qué tan bien capacitado está el equipo encargado de la gestión de riesgos estratégicos?

a) El equipo no está capacitado en gestión de riesgos estratégicos.

b) Hay conocimientos básicos, pero falta formación especializada.

c) El equipo está capacitado, pero carece de experiencia práctica.

d) El equipo está completamente capacitado, con experiencia práctica en gestión de riesgos estratégicos.

8. ¿Qué tan efectiva es la organización en monitorear/hacer seguimiento sobre los cambios en el entorno que puedan afectar los riesgos estratégicos?

a) No se monitorean los cambios en el entorno relacionados con los riesgos estratégicos.

b) Se monitorean de manera esporádica, sin un enfoque estructurado.

c) Hay un sistema básico de monitoreo, pero no está integrado en la estrategia.

d) Se cuenta con un sistema robusto y estructurado de monitoreo integrado en la toma de decisiones.

9. ¿Qué tan bien documentadas están las medidas de mitigación para riesgos estratégicos?

a) No se documentan las medidas de mitigación.

b) Algunas medidas están documentadas, pero no están actualizadas.

c) Las medidas están bien documentadas, pero no siempre se aplican.

d) Todas las medidas están documentadas, actualizadas y aplicadas consistentemente.

10. ¿Qué tan efectivamente se comunican los riesgos estratégicos y sus medidas de mitigación a los *stakeholders* relevantes?

a) Los riesgos estratégicos no se comunican a los *stakeholders*.

b) La comunicación es limitada y no alcanza a todos los *stakeholders* relevantes.

c) Los riesgos y medidas se comunican de forma general, pero no detallada.

d) La comunicación es clara, detallada y adaptada a cada grupo de *stakeholders*.

Ficha 5. CUMPLIMIENTO NORMATIVO Y GOBERNANZA ANTE LA SUCESIÓN.

1. ¿Qué tan identificadas están las normativas aplicables a la organización relacionadas con la pervivencia y la sucesión de la organización?

a) No se han identificado las normativas aplicables.

b) Algunas normativas están identificadas, pero no se revisan regularmente.

c) La mayoría de las normativas están identificadas y revisadas esporádicamente.

d) Todas las normativas están identificadas, documentadas y revisadas periódicamente.

2. ¿Qué nivel de cumplimiento tiene la organización con las normativas identificadas?

a) No se cumple con las normativas relevantes.

b) Se cumple parcialmente, pero faltan controles regulares.

c) Se cumple en gran medida, pero con algunas excepciones puntuales.

d) Se cumple completamente con todas las normativas relevantes y se audita regularmente.

3. ¿Cómo evalúa la alineación de su organización con estándares de gobernanza empresarial?

a) No hay alineación con estándares de gobernanza empresarial.

b) Hay cierta alineación, pero no está formalizada ni documentada.

c) La alineación está documentada, pero no se revisa ni actualiza regularmente.

d) La alineación está completamente formalizada, documentada y actualizada periódicamente.

4. ¿Qué tan eficiente es la organización en garantizar la trazabilidad de decisiones relacionadas con la sucesión?

a) No se registra la trazabilidad de las decisiones clave.

b) Algunas decisiones se registran, pero de manera inconsistente.

c) La trazabilidad está documentada, pero no se garantiza para todas las decisiones.

d) Todas las decisiones clave tienen trazabilidad completa y se auditan regularmente.

5. ¿Qué mecanismos utiliza la organización para asegurar la transparencia en la toma de decisiones clave?

a) No existen mecanismos para garantizar la transparencia.

b) Hay mecanismos básicos, pero no se aplican de forma consistente.

c) Los mecanismos están definidos, pero su aplicación requiere mejoras.

d) Los mecanismos son robustos, probados y aplicados consistentemente en todas las decisiones clave.

6. ¿Con qué frecuencia se revisan y actualizan las políticas relacionadas con el *compliance*?

a) Las políticas de *compliance* no existen ni se revisan.

b) Se revisan de manera esporádica y no están actualizadas.

c) Se revisan periódicamente, pero no siempre se implementan los cambios necesarios.

d) Las políticas se revisan y actualizan regularmente, con seguimiento estricto de su implementación.

7. ¿Qué nivel de conocimiento tiene el personal clave sobre las normativas y estándares aplicables?

a) El personal clave no tiene conocimiento sobre las normativas aplicables.

b) Hay conocimiento básico, pero no se ha proporcionado formación específica.

c) El personal clave está capacitado, pero no recibe formación continua.

d) El personal está completamente capacitado, con formación continua y actualizaciones regulares.

8. ¿Qué tan integrado está el cumplimiento normativo en los procesos organizativos?

a) El cumplimiento normativo no está integrado en los procesos organizativos.

b) Está parcialmente integrado, pero depende de iniciativas individuales.

c) Está integrado en la mayoría de los procesos clave, pero sin monitoreo constante.

d) Está completamente integrado, con monitoreo constante y auditorías periódicas.

9. ¿Qué tan robustas son las herramientas utilizadas para monitorear el cumplimiento normativo?

a) No se utilizan herramientas para monitorear el cumplimiento normativo.

b) Se utilizan herramientas básicas, pero carecen de automatización y análisis.

c) Las herramientas son funcionales, pero no están completamente integradas con otros sistemas.

d) Las herramientas son avanzadas, automatizadas y completamente integradas en la gestión organizativa.

10. ¿Cómo evalúa la capacidad de su organización para responder a cambios regulatorios?

a) La organización no está preparada para responder a cambios regulatorios.

b) La organización responde a los cambios regulatorios de manera reactiva y no planificada.

c) Existen planes básicos para adaptarse a cambios regulatorios, pero no son suficientemente ágiles.

d) La organización está completamente preparada, con planes ágiles y procesos establecidos para adaptarse a cambios regulatorios.

Ficha 6. LA SUCESIÓN COMO ELEMENTO DE SOSTENIBILIDAD ORGANIZATIVA

1. ¿Qué tan estable es la operativa actual de su organización para soportar el crecimiento a largo plazo?

a) Las operaciones actuales son inestables y no soportan el crecimiento a largo plazo.

b) Hay estabilidad parcial, pero con limitaciones importantes para el crecimiento sostenido.

c) Las operaciones son estables, pero podrían no resistir cambios significativos en el entorno.

d) Las operaciones son completamente estables y están diseñadas para soportar el crecimiento a largo plazo.

2. ¿Qué tan desarrollados están los planes de sucesión no disruptiva en su organización?

a) No existen planes de sucesión no disruptiva.

b) Hay planes básicos, pero no garantizan una transición fluida.

c) Los planes están desarrollados, pero no se han probado ni ajustado.

d) Los planes están completamente desarrollados, probados y ajustados para asegurar una transición no disruptiva.

3. ¿Qué medidas existen para evitar el «desasosiego organizativo» durante procesos de cambio?

a) No existen medidas para evitar el desasosiego organizativo.

b) Hay medidas básicas, pero no están formalizadas ni implementadas consistentemente.

c) Las medidas están implementadas, pero su efectividad no se evalúa regularmente.

d) Existen medidas formales, probadas y ajustadas regularmente para evitar el desasosiego organizativo.

4. ¿Qué tan bien mide su organización el impacto social de sus actividades a largo plazo?

a) No se mide el impacto social de las actividades organizativas.

b) Hay una medición limitada y esporádica del impacto social.

c) El impacto social se mide regularmente, pero sin vinculación con la estrategia.

d) El impacto social se mide de manera estructurada, con integración en la estrategia organizativa.

5. ¿Qué tan efectiva es la organización en medir el impacto económico de su continuidad?

a) No se mide el impacto económico de la continuidad empresarial.

b) Se mide parcialmente, pero sin una metodología clara.

c) Hay una metodología definida, pero no se aplica sistemáticamente.

d) El impacto económico se mide con una metodología robusta, aplicada consistentemente.

6. ¿Qué tan preparada está la organización para responder a crisis que afecten a la sostenibilidad a largo plazo?

a) No hay preparación para responder a crisis que afecten la sostenibilidad.

b) La preparación es limitada y no incluye planes específicos para la sostenibilidad.

c) Existe una preparación básica, pero no se ha probado en escenarios reales.

d) La preparación es completa, probada y adaptada para garantizar la sostenibilidad a largo plazo.

7. ¿Qué tan clara es la relación entre los planes de sucesión y la estrategia a largo plazo?

a) No hay relación entre los planes de sucesión y la estrategia a largo plazo.

b) La relación es vaga y no está documentada.

c) Los planes están alineados parcialmente con la estrategia, pero necesitan ajustes.

d) Los planes de sucesión están completamente alineados y fortalecen la estrategia a largo plazo.

8. ¿Qué tan bien comunicados están los objetivos de sostenibilidad a los *stakeholders* internos y externos?

a) No se comunican los objetivos de sostenibilidad a los *stakeholders*.

b) La comunicación es limitada y llega solo a algunos *stakeholders* clave.

c) Los objetivos se comunican regularmente, pero no se adaptan a cada grupo de *stakeholders*.

d) Los objetivos se comunican clara y consistentemente, adaptándose a las necesidades de cada *stakeholder*.

9. ¿Qué tan eficiente es el monitoreo/ejercicio de control sobre de indicadores clave relacionados con la sostenibilidad organizativa?

a) No se monitorean indicadores clave de sostenibilidad.

b) Hay monitoreo básico, pero sin un sistema estructurado.

c) Los indicadores se monitorean regularmente, pero no están integrados en la toma de decisiones.

d) El monitoreo es eficiente, estructurado e integrado en el proceso de toma de decisiones.

10. ¿Qué nivel de integración tiene la sostenibilidad organizativa en los planes estratégicos generales?

a) La sostenibilidad no está integrada en los planes estratégicos.

b) Hay una integración limitada y no sistemática.

c) La sostenibilidad está parcialmente integrada, pero necesita mayor énfasis estratégico.

d) La sostenibilidad está completamente integrada en los planes estratégicos generales.

ANEXO II

RELACIÓN DE CONTACTOS INTERNACIONALES SOBRE EMPRESAS FAMILIARES

Family Business Network (FBN)
https://www.fbn-i.org

European Family Business (EFB)
https://europeanfamilybusinesses.eu

Instituto Latinoamericano de la empresa familiar (ILAEF)
https://www.ilaef.org/

Asociaciones Territoriales Empresa Familiar (AATT)
https://laempresafamiliarcomparte.com

Consejo Iberoamericano de la Empresa Familiar (CIBAEF)
https://www.cibaef.org

Instituto de la Empresa Familiar de España (IEF)
https://www.iefamiliar.com

Alianza hispano-mexicana para la continuidad de las empresas familiares
https://www.laempresafamiliar.com

Asociación de Empresas Familiares en Perú (AEF)
https://www.aefperu.org

Asociación de Familias de Colombia (ASFAMILIAS)
https://www.asfamilias.org

Instituto Colombiano de la Empresa Familiar (ICOEF)
https://icoef.com.co

Cámara Costarricense de Empresas Familiares (CACEF)
https://cacef.cr

Instituto Argentino de la Empresa Familiar (IADEF)
https://www.iadef.org

Club Argentino de Negocios de Familia (CANF)
https://www.canf.com.ar

Asociación de Empresas Familiares de Chile
https://www.aef.cl

Centro de Empresas Familiares de Uruguay
https://centroempresasfamiliares.com

Asociación de Empresas Familiares de Ecuador (FBN)
https://www.fbnecuador.org